Georg Mehlis

Plotin

DOGMA

Georg Mehlis

Plotin

ISBN/EAN: 9783954546831

Auflage: 1

Erscheinungsjahr: 2013

Erscheinungsort: Bremen, Deutschland

PLOTIN

VON

GEORG MEHLIS

*

STUTTGART 1924

FR. FROMMANNS VERLAG (H. KURTZ)

INHALT

VORWORT

Wenn wir unsere Blicke auf jene Zeit lenken, da Plotin wirkte und lehrte, so kann man sehr wohl eine Verwandtschaft mit unserer gegenwärtigen Zeit bemerken. Wieder macht sich gelten die Sehnsucht nach dem Sein, nach dem, was in sich Ruhe und Bestand hat und die Begriffe von Entwicklung und Fortschritt haben an Glanz und Bedeutung eingebüßt. Die Blicke sind der Vergangenheit und fremden Kulturen zugewendet, als erwarte man von dort Rettung und Hilfe in der Not des Lebens. Man sehnt sich nach Einheit und Synthese, nachdem man gar zu lange die bunte Vielheit der Dinge bejaht hatte. Gelehrsamkeit und Wissen haben ungeheure Dimensionen angenommen, und die Philosophie hat nicht mehr die Kraft und die Macht des Geistes, um diese unübersehbare Fülle zu beherrschen und zu bewältigen. Die Kunst und besonders die bildende Kunst ist zerrüttet und vermag nicht mehr zu großen Gestaltungen sich zu erheben. Das religiöse Leben ist durch zahlreiche Sektenbildungen bedroht. Man spricht von einer Krisis der abendländischen Kultur, und Propheten treten auf, die neue Wege führen wollen oder den Untergang künden. Schwere politische Schicksale lasten auf der europäischen Menschheit. Der Weltkrieg hat die Kultur des Abendlandes auf das äußerste bedroht und Kräfte sind an der Arbeit, die das staatliche Gemeinschaftsleben der Menschen von Grund aus vernichten wollen. Eine große Sehnsucht ist wach geworden, eine Sehnsucht nach Befreiung und Erlösung von all diesen Verirrungen und Verbildungen des geistigen Lebens. Und so mag denn unsere Zeit besonders geeignet sein, jenes Verwandte der Vergangenheit zu verstehen, da in der Alexandrinerzeit eine ganze Kultur sicher ihrem Ende zuneigte.

Georg Mehlis.

Die Alexandrinische Welt

Eine seltsame und ungewöhnliche Zeit ist es, in die uns die Gestalt Plotins hineinführt, eine Epoche der Kulturgeschichte, die man wohl am besten als die alexandrinische bezeichnet. Denn die von Alexander dem Großen in glücklichster Lage gegründete Weltstadt Alexandria mit ihrem bunten und bewegten Leben ist typisch für die allgemeine Kultur der damaligen Zeit, so daß Alexandria als Symbol für eine ganze Menschheitsepoche gelten kann. Gewiß, die Beherrschung der damaligen Welt, der politische Zwang, die Herrlichkeit und übermenschliche Macht, welche die Geister fesselte und immer wieder in ihren Bann zog, sie ging von dem Rom der Cäsaren aus, aber für die geistige Physiognomie der damaligen Zeit ist keine Stadt so charakteristisch und bedeutsam gewesen wie Alexandria.

Es gibt wenige Orte, die für die Kulturgeschichte der Menschheit so bestimmend geworden sind wie diese Stadt in den ersten Jahrhunderten nach Christus. Der große Alexander wollte ein Weltreich begründen und die nach ihm genannte Stadt sollte das politische Zentrum dieser Universalmonarchie bilden. Von Alexandria sollte die Versöhnung der verschiedenen Völker der Griechen und Barbaren ausgehen. Nur durch ihn wäre dieser geniale Herrschertraum zu verwirklichen gewesen. Sein früher Tod zerstörte alle Hoffnungen und Erwartungen. Dem griechischen Geist war es nicht beschieden, große und feste Formen des politischen Lebens zu schaffen. Er sollte eine rein geistige Macht sein und bleiben.

Und so wurde diese Stadt Alexandria, als die Blüte Athens welk geworden war, eine geistige Weltherrscherin für alle diejenigen Menschen, die nicht sowohl der Abstammung, sondern dem Geiste nach Griechen waren und ihr Griechentum zu retten und zu pflegen suchten. Alexandria ist die Stadt der sterbenden Hellenen, in der das Untergehende, dem Tode geweihte Griechentum noch einmal als große Geistesmacht in die Schranken trat, um seine Lebensideale zur Geltung zu bringen. Und so schuf es als letzte schöne Blüte einer sterbenden Kultur die Philosophie des Schauens, der ästhetischen Beseelung der Welt, der mystischen Innerlichkeit, den Neuplatonismus.

Alexandria war besonders geeignet, den Mittelpunkt einer geistigen Welt zu bilden. Groß und weit am Meere gelagert, eine reiche Handelsstadt mit buntgemischter Bevölkerung, die aus Griechen, Juden, Ägyptern und asiatischen Orientalen bestand, die Brücke zwischen Orient und Okzident. Hier fielen die geistigen Schranken, die zwischen den verschiedenen Völkern durch den Gegensatz ihrer Religionen, Philosophie, Bildung, Sitte und Erziehung errichtet waren. Hier erwachte die Idee der Menschheit und ihres gemeinsamen Schicksals, die von der Stoa in dem Gedanken einer Gemeinschaft alles Guten und Edlen schon vorbereitet und geahnt war. Alle Religionen der alten Welt und alle philosophischen Lehren begegneten sich in dieser Stadt, wurden hier gepflegt und mischten sich in mannigfaltigen Formen. Aus der Verschmelzung der verschiedenartigen Kulturelemente entwickelten sich neue geistige Formen, die in ihren Nachwirkungen bis in die Gegenwart reichen. In Alexandria befand sich das Museum als Aufbewahrungsstätte für die Schätze der antiken Welt. Es war kein lebendiges Zentrum des geistigen Lebens, sofern keine

2

neue schöpferische Kraft von ihm ausging. Und doch war es
für die Entwicklung der Kultur von höchster Bedeutung.
Wenn es auch alle Zeichen der Ohnmacht und Schwäche trug,
und der wissenschaftliche Betrieb hier Gefahr lief, sich ins
Uferlose zu verlieren, so war es doch äußerst wichtig und
wertvoll, daß die Werke der griechischen Literatur hier zu-
sammengetragen, geordnet und studiert wurden. Die Hüter
und Ordner dieser großen Sammlung und Bibliothek gelang-
ten selber zu keinen philosophischen Neuschöpfungen, sondern begnügten sich mit Textkritik und philosophischen Inter-
pretationen Platons und Aristoteles'. Doch sind diese historischen und philologischen Vorarbeiten des Museums mit
die Quelle für die Philosophie Plotins geworden, sofern er aus
ihnen seine Kenntnis der antiken Literatur schöpfte, deren
Gehalt sein eigenes Werk in so hohem Maße mitbestimmte.

Neben dem Museum, das in erster Linie mit wissenschaftlichen, philologischen und historischen Forschungen beschäftigt war, finden wir in Alexandria sämtliche Philosophen-
schulen des alten Hellas vertreten. Hier lehrten die Vertreter
der Akademie und des Lyzeums, die Schüler der Stoa und
Epikurs. Hier lebte in der Lehre der Neupythagoräer die alte
pythagoräische Weisheit mit ihrer Zahlensymbolik und der
Idee der ewigen Wiederkehr wieder auf, und auch Heraklit,
der Dunkle von Ephesus, der den ewigen Wandel als Wesen
der Dinge verkündete, erlebte seine Renaissance. Die Skepsis
war hier in jener extremen Form zu finden, die der Kaiserzeit
eigentümlich ist, jene Skepsis, die jedes Prinzip der Gewißheit
zu widerlegen suchte, Wahrnehmung und Denken gleicher-
weise in Frage stellte und bis zum logischen Wahnsinn der
ἐποχή des Urteils vorschritt, indem die Denker sich schließlich hüteten, noch irgendeine Behauptung aufzustellen, weil

3

jede Behauptung, wie sie einsehen mußten, die geheime Anerkennung der Wahrheit in sich schließt. Was nur im weiten
römischen Weltreich an Formen und Gestalten der Philosophie lebte und wirksam war: in Alexandria wurde es
in einem Brennpunkt vereinigt.

Hier in Alexandria trat die Philosophie in ein inniges Verhältnis zur Religion. Die reiche Fülle des religiösen Stoffes,
die religiöse Inhaltlichkeit bot der Orient dar, und der griechischen Philosophie blieb es vorbehalten, die dunklen und
unverstandenen Gefühlsmassen zu deuten, das Licht des
Geistes und der verstehenden Vernunft in die dunklen Glau-
benswelten hineinleuchten zu lassen. In der Lehre der Neupythagoräer verband sich die griechische Philosophie mit der
griechischen Dionysosreligion, in der Religionsphilosophie
Philons wird die religiöse Substanz des Judentums von dem
spekulativen Geist des Griechentums sinnvoll durchdrungen.
In der Patristik handelt es sich um eine Synthese von christ-
licher Religion und griechischer Philosophie, eine Verbindung, die dazu führte, das Problem der Gnosis auf das leiden-
schaftlichste zu diskutieren. Im Neuplatonismus erwächst aus
der Vermählung des griechischen Geistes mit dem Geist des
Orients die schöne Blüte der griechischen Mystik.

In Alexandria versuchte man den unbekannten Gott zu
finden und denkend zu verstehen. Denn der Allgrund des
Lebens liegt nicht klar und offen vor des Menschen Blick,
sondern ist verhüllt und umgeben von verschwiegenen Ge-
heimnissen. Damals waren die Gemüter der Menschen von so
manchen Ahnungen und prophetischen Visionen bewegt. Man
rang um Klarheit und Gewißheit im Kampf des religiösen
Lebens, in der tiefinnerlichen Bewegtheit des Gemüts. Es
handelte sich in erster Linie um das Verhältnis von Gott und

4

Seele, um die Frage ihrer Herkunft und die Frage ihrer Rückkehr, um die Mittel und Wege, deren die Seele bedarf, um
ihre verlorene Heimat wiederzugewinnen.

In dies so bewegte und religiös aufgewühlte Leben fällt die
Erscheinung jener Männer hinein, die man als Magier zu bezeichnen pflegte. Sie sind nicht in erster Linie Philosophen,
sondern deuten vielmehr den Typus des religiösen Propheten
an. Sie haben aber nicht die Tiefe und die wundervolle Schau,
die dem religiösen Genie eignet. Ihre Gedankenwelt ist nicht
reich genug, ihr Vorstellungskreis begrenzt, ihr Empfindungs-
leben durch Aberglauben verunstaltet. Sie sind Schwärmer
und Phantasten, aber sie suchen den Weg des Heils teilweise
mit aufrichtiger Inbrunst. Manche von ihnen waren auch
wohl Gaukler und Betrüger, die auf die Leichtgläubigkeit der
Menge spekulierten. Sie predigten die Läuterung des Lebens,
die Reinigung von allen Leidenschaften, die Wiederherstellung
der alten verfallenen heidnischen Kulte. Sie sind Wander-
prediger und pilgern von Ort zu Ort nach Art der griechischen
Sophisten. Während aber jene ihr Volk aufklären wollten
durch die Ergebnisse des philosophischen und wissenschaftlichen Denkens und dadurch die religiöse Substanz und die
alten Sitten und Gebräuche zersetzten, sind die Magier vielmehr die Anwälte des dunklen religiösen Gefühls und der ver-
gessenen alten Mysterien. Sie wurzeln in Vorstellungen der
transzendenten Welt und haben keine bleibende und feste
Heimat auf dieser Erde. Alexandria war augenscheinlich ein
günstiger Boden für ihre Tätigkeit, und so sehen wir sie immer
wieder diese Stadt durchziehen und ihre dunklen und rätselhaften Lehren verkünden. Die überragende Erscheinung eines
Apollonius von Tyana ist in mancher Hinsicht dem Typus
des Magiers verwandt.

Von besonders tiefgehender Bedeutung für die Entwicklung des Lebens in Alexandria war das Christentum, das sehr früh hierher gelangt war und sich schnell ausbreitete. Gegen dieses Christentum, das in seinen anfänglichen Lebensäußerungen noch so roh und kulturlos war, nahm die griechische Philosophie den geistigen Kampf auf. Indem sie sich auf ihre große Vergangenheit besann, suchte sie deutlich zu machen, daß alles das, was das Christentum als neu und als den einzig möglichen Weg zum ewigen Leben bezeichnete, schon von den großen hellenischen Philosophen, von Sokrates und Heraklit, von Platon und Aristoteles verkündet war. Was der Geist der großen griechischen Denker in unendlicher Tiefe gedacht, das gibt das Christentum in äußerlicher Form, in Bildern und Symbolen, ohne die Fähigkeit zu besitzen, den Sinn höchster Weisheit in klarer Gestalt zu verkünden. Vielmehr ist alles unklar und verschwommen. An der Stelle des einleuchtenden Begriffes und seiner ernsthaften Tiefe steht hier das gestammelte Wort und das dumpfe, schwer verständliche und sich selbst nicht verstehende Gefühl. Dagegen suchte die christliche Religionsphilosophie — ein Sammelname für alle die verschiedenen Verbindungen, die in den ersten Jahrhunderten nach Christus die griechische Philosophie mit der christlichen Religion einging — besonders in Alexandria zu zeigen, daß Sokrates, Platon und Aristoteles Vorgänger von Christus waren, daß der ewige Weltenlogos sich in ihnen jedoch nur teilweise offenbarte und daß er erst in Christus zur vollkommenen Verwirklichung gelangt sei.

Das sterbende Hellenentum nahm den Kampf gegen das Christentum in immer höheren und reineren Formen auf, und die spekulative Mystik Plotins ist der letzte große Versuch, die Ueberlegenheit des griechischen Geistes zu erweisen. Dann

6

setzt der Verfall in beschleunigtem Tempo ein, und die Worte des sterbenden Kaisers Julian, der sich in sehnsüchtiger Liebe zum Hellenentum zurückgefunden hatte, bekräftigen endgültig, daß die griechische Schönheitswelt unwiederbringlich verloren gegangen war. Der Neuplatonismus offenbart noch einmal die hohen Werte, die dem Griechentum innewohnten. Er zeigt den großen Reichtum seiner geistigen Schöpfermacht. Es ist der letzte große Versuch, den Geist des Orients mit dem Geist des Okzidents unter der Herrschaft der reinen Form zu versöhnen.

Eine tiefe Tragik liegt über diesem sterbenden Hellenentum ausgebreitet, eine Tragik, die wohl niemand so tief empfunden hat, wie Hölderlin, Schelling und Nietzsche. Es liegt eine wundervolle herbe Süßigkeit in dieser letzten selbständigen Geistesschöpfung der Hellenen. Noch einmal erschauen wir in einer großen Synthese, was Griechenland der Menschheit gewesen. Denn die Lehre Plotins ist keine Verfallserscheinung wie die meisten Gestaltungen dieser müden und abgelebten Zeit, sondern eine große Zusammenfassung aller geistigen Mächte, ein Fanal der Schönheit als Symbol und Zeichen eines unwiderruflichen Endes.

Der Neuplatonismus und besonders die Lehre Plotins zeigen uns mit klaren Zügen, daß Griechenland für das Schicksal der Menschheit ewige Bedeutung gewinnen sollte. Jene Ideen und Begriffe, die Plotin in seiner Lehre noch einmal in so eindrucksvoller Weise verkündete, sie sind in die Philosophie des Mittelalters und in die neuere Philosophie eingegangen. Sie erfüllten und belebten noch die Systeme einer fernen Zukunft. Und so gelangen wir bei der Betrachtung dieser Lehre zu der Überzeugung, daß Griechenland als selbständiges Kulturgebilde untergehen mußte, als seine Zeit sich erfüllt hatte und das Neue herangereift war, daß aber dieses Untergehen ein Eingehen bedeutete in die neue Welt, die sich gebildet hatte, indem es dieser neuen Welt seinen Geist einverleiben sollte, um so fortzuleben und weiter zu wirken bis in die fernsten Zeiten.

Alle philosophischen Lehren, die in Alexandria sich entwickelt haben, zeigen verwandte Züge, mag es sich nun um die christliche Philosophie, um die Gnostik oder den Neuplatonismus handeln. Sie tragen alle einen religiösen Charakter, weshalb man diese Epoche der Philosophie wohl als die religiöse bezeichnet hat. Denn das religiöse Interesse steht durchaus im Vordergrund, nicht mehr die Frage der Erkenntnis und der sittlichen Lebensführung. Die religiösen Ideen, Vorstellungen und Sehnsüchte bestimmen den Charakter dieser Lehren, in denen auch überall ein großer internationaler Zug sich geltend macht. Alle haben die große, gemeinsame Angelegenheit der Menschheit im Auge. Ueberall handelt es sich um die Bildung und philosophische Begründung einer allgemeinen Menschheitsreligion. Sie versuchen alle eine große Zusammenfassung von Lehren der verschiedenen Völker und Zeiten. Die Vergangenheit gilt als Vorbereitung für ein planmäßig gesetztes Ziel, dem die Entwicklung der Menschheit sich allmählich nähert, und das die Lehre des Alexandrinischen Weisen zu klarem Bewußtsein erhebt. Ueberall der Versuch, die spekulative philosophische Erkenntnis mit dem religiösen Glauben auszusöhnen und zu verbinden. Indem die Frage erhoben wird, was wichtiger ist: die πίστις oder die γνῶσις, der Glaube oder die Erkenntnis, wird in der Idee einer unerschütterlichen und unmittelbaren Glaubensgewißheit in reiner Kontemplation die Gnosis vom Glauben und der Glaube von der Gnosis durchdrungen. Gnosis ist nun nicht

8

mehr spekulative Erkenntnis, sondern religiös-mystische Schau. Überall begegnet uns der unbekannte Gott, die Seele, die sehnsuchtsvoll nach ihm verlangt, und Mittelwesen, die den Gegensatz zwischen den beiden Welten überwinden sollen. Überall tritt uns die Idee der beiden Welten entgegen, des Weges, der von Gott zur Welt und zur Seele führt und jenes anderen Weges, der von der Seele durch die Welt zu Gott zurückführt. In allen Lehren, die in Alexandria auftauchen, setzt sich die Philosophie mit den positiven Religionen auseinander, und trotzdem sind sie bei aller Gemeinsamkeit deutlich geschieden durch den eigentümlichen Geist der Nation oder Volksgemeinschaft, aus der sie hervorgegangen sind. So bleibt Philon trotz seiner hellenischen Bildung ein Jude, die alexandrinische Katechetenschule trotz ihrer philosophischen Abhängigkeit vom Griechentum eine vom Geist des Christentums erfüllte Gemeinschaft von Denkern. Die vom Geist des Christentums bewegte Gnosis kann ihre orientalische Herkunft nicht verleugnen, und Plotin, auf dessen empfängliche Seele die Religionen und philosophischen Lehren so vieler Völker und Zeiten gewirkt haben, hat alles aufgenommen, durchdrungen und gestaltet im Geist des reinen Hellenismus. Seine Philosophie ist der letzte vollendete Ausdruck der griechischen Seele.

Alexandria mit seinem bunten Völkergemisch, mit der Fülle der verschiedenartigsten Lehrmeinungen und Glaubensüberzeugungen, Alexandria, das so verschiedenartigen Göttern gleichzeitig huldigte, ist ein Symbol für das römische Weltreich unter den letzten Cäsaren. Sofern in Plotin der Neuplatonismus zu einer geistigen Weltmacht erwuchs, die sich mit all den Geistesströmungen auseinanderzusetzen hatte, die das römische Reich erschütterten, ist es notwendig, noch einen

Blick auf das Ganze der damaligen Kultur zu werfen, die wir
mit dem Begriff der alexandrinischen Welt zu bestimmen ver-
suchen. Wenn wir die Kultur des römischen Weltreichs im
dritten Jahrhundert nach Christus betrachten, so ist der erste
Eindruck das Zeichen des absoluten Verfalls. Der Mund der
Sänger ist verstummt: das Lied erklingt nicht mehr, das große
Heldenepos ist zu Ende erzählt. In der zerrissenen Volkssub-
stanz findet es keinen nährenden Boden mehr. Die griechische
Tragödie, dies höchste Gebilde des hellenischen Geistes, aus
Rausch und Traum geboren, hat sich längst vollendet, und die
Folgezeit hat nichts geschaffen, was als verwandt oder ähn-
lich bezeichnet werden könnte. Für die griechische Tragödie
gab es keinen Ersatz. Das Gefühl für das Tragische war er-
loschen, das nur in einer reifen und in sich vollendeten Kultur
beheimatet ist. Traurigkeit und Verzweiflung hatte die Ge-
müter ergriffen. Es fehlte jede Möglichkeit einer ästhetisch-
tragischen Erhebung über die Not der Zeit. Die griechischen
Tempel waren nicht mehr die Stätte einer hohen und reinen
Anbetung, und kein Sokrates oder Platon erweckte in den
Jünglingen die leidenschaftliche Liebe für das Schöne und
Gute. Der Verfall der Sitten hatte die moralische Kraft der
Völker geschwächt. Das Gemeinschaftsleben war unterhöhlt.
Die Energie des philosophischen Denkens gelähmt und ge-
brochen. Die strenge und brutale Militärherrschaft der Römer
lastete wie ein schwerer Alp auf den Gemütern der Völker,
wenn sie auch zu mancherlei Zugeständnissen bereit war.
Das politische Leben hatte seinen Reiz und Zauber eingebüßt.
Man hegte den leidenschaftlichen Wunsch, aus der Wirklichkeit mit ihren Hemmnissen und Leiden und aus dem Staat als
dem Hüter der natürlichen Ordnung der Dinge zu flüchten,
um all dieser Bande ledig zu sein. Damals suchte der geistige

Mensch entlegene Küsten und Inseln auf, um all diesem
Furchtbaren und Sinnlosen aus dem Wege zu gehen. Damals
durchbebte noch immer der Schrei nach Erlösung die todes-
matte und todesreife Welt. In okkulten religiösen Gemein-
schaften, den ϑίασοι, schlossen sich die Gläubigen zusammen, in tiefer Stille und Einsamkeit, von Haß erfüllt gegen
die wilde und laute Welt, um ihren Gott zu suchen. Und die
Gelehrten durchblätterten und durchforschten die Bücher und
Schriften einer fernen Vergangenheit, um einen Weg der
Gnosis zu finden, einen Weg des Heils zur Ueberwindung der
heillosen und sinnlosen Welt.

Und dennoch war der Verfall der Kultur nicht allgemein.
Der sterbenden antiken Welt entrangen sich neue Kräfte mit
jugendlicher Macht und Schönheit. Sie nutzten die alten For-
men, um ihr neues Welt- und Lebensgefühl zu offenbaren.
Der Hellenismus hatte noch eine große geistige Mission zu er-
füllen, und die politischen Formen und Institutionen des
Römertums sollten noch lange den sozialen Einrichtungen der
Menschheit feste Gestalt verleihen.

Die universale römische Weltmacht hatte die verschiedenen
Nationen einander genähert. Das Eigentümliche, Besondere
und Volkstümliche wurde zum großen Teil zerstört und vernichtet. Darin lag auf der einen Seite eine große Gefahr, denn
die Vermischung aller Formen führte zu einem wissenschaftlichen Eklektizismus, der weit Entgegengesetztes zu verbinden
suchte, der auch dasjenige zuließ und tolerierte, was in prin-
zipiellem Gegensatz zueinander stand. Wie die religiöse Duld-
samkeit die verschiedenartigsten Gottheiten für den Kultus
der Völker und einzelnen Gläubigen zuließ, so ließ die philosophische und wissenschaftliche Toleranz entgegengesetzte
Auffassungen und Deutungen in demselben Lehrgebäude

nebeneinander bestehen. Andererseits lag in dem Charakter des universalen Römerreiches auch etwas Grosses und Bedeutungsvolles. Über die kleinen partikularen Institutionen hinaus wurde der menschliche Geist an die Idee der Menschheit gewiesen, und ein großzügiger Kosmopolitismus überwand alle Spießigkeit und Engherzigkeit der politisch-sozialen Gesinnung. Die schöne griechische Sprache wurde zum allgemein anerkannten wissenschaftlichen und literarischen Verständigungsmittel in der gebildeten Welt.

Der Zustand des religiösen Lebens war beklagenswert. Nicht hellsichtiger Glaube herrschte, sondern blinder Aberglaube. Niemals ist das Römerreich mit dem Anspruch aufgetreten, einen gemeinsamen Glauben der Welt zu schenken. Nur die äußere politische Einheit, nicht die religiöse und geistige, erstrebte das Römertum. Die ungeheure Macht des Imperiums wurde von keiner gemeinsamen Ueberzeugung, sondern nur von einem starken und unerschütterlichen Willen getragen. Man wollte den überwundenen Völkern die Heiligtümer ihrer Liebe und Verehrung nicht nehmen. Das welterobernde Volk gestattete allen besiegten Völkern 'die freie Ausübung ihres Gottesdienstes. Und so lebten die Götter Griechenlands im römischen Weltreich weiter, die Orakel verkündeten wie früher prophetische Weissagungen. Der griechische Geist durchdrang einen Teil der fremden Religionen und gab ihnen edlere Form und tieferen geistigen Gehalt. Aber auch die ursprünglichen nationalen Kulte der orientalischen Völker lebten weiter, so in Syrien der Kultus der Astarte, in Ägypten der Serapis, und in Phönizien wurden noch immer dem finstern und grausamen Baal blutige Opfer gebracht. In der Hauptstadt der Welt, in Rom wurden immer wieder neue Gottheiten eingeführt. Als der Glaube an die alten Götter der Heimat, an die alten Volks- und Familiengötter ins Wanken gekommen war, versuchte man es mit den rätselhaften unbekannten Göttern der Fremde. Was die schlichten Volksgötter nicht vermochten: Heil und Erlösung zu spenden der suchenden Seele, den fremden Göttern war vielleicht eine höhere Macht eigen. Neben Isis und Kybele wurde in Rom vor allen Mithras verehrt, und die Kaiser verlangten für ihre eigene Person göttliche Verehrung. Die meisten Kulte führten jedoch nur ein Schattendasein. Die alten Priester pflegten die alten Götter und opferten und beteten zu ihrer erloschenen Herrlichkeit, aber die große Masse des Volkes hatte den Glauben an diese alten Götter verloren, nachdem die führenden Geister ihnen schon lange untreu geworden waren. Und so trat das Christentum diesen allen, in ihrer Wirkungskraft so stark geschwächten Religionen als junge, lebensstarke Macht mit großem Erfolg entgegen.

Der Verfall der alten Religionen wurde durch die religiöse Indifferenz des Römertums beschleunigt, das immer wieder neue Götter in Rom einführte und durch diesen Wechsel die Festigkeit der religiösen Überzeugung bedrohte. Schon lange war das Ansehen der alten Volksreligionen durch die Philosophie erschüttert, die entweder einen reineren und höheren Gottesbegriff, wie Platons Lehre vom Guten, oder Monotheismus des Geistes, wie Aristoteles verkündete, oder anstatt das Vorliegende zu vertiefen und höher zu beseelen, wie die Epykuräer und die radikale Skepsis dahin gelangte, die Idee der Gottheit vollkommen zu negieren. Die gotterhöhende Philosophie der großen Griechen und ihre rein geistige Vorstellung vom höchsten Wesen der Welt war aber durch ihre Nachfolger in der Akademie und dem Lyzeum, sowie durch die Lehre der Stoa wieder versinnlicht worden. Nur in der religiösen Stoa der Kaiserzeit vermochten Denker wie Marc Aurel, Seneca und Epictet an einem rein geistigen Gottesbegriff festzuhalten. Eine grenzenlose Öde und Leere des Geistes kennzeichnet den Zustand der damaligen Welt. Dem Leben schien jeder wertvolle Inhalt genommen zu sein und so wurde es als schal und nichtig angesehen. Mit Hast und Unruhe, mit zögernder Hoffnung, die immer wieder durch Zweifel und Verzweiflung zerstört wurde, suchte man nach neuen Lebensinhalten, nach neuen Lebenswerten. Alle neuartigen Erscheinungen der Zeit, die im Zeichen des Wunderbaren standen, wurden mit gierigem Verlangen ergriffen, da nur das Außerordentliche die Möglichkeit zu besitzen schien, diesem namenlosen Elend abzuhelfen.

Wie die Volksreligionen, so hatte auch die Philosophie ihr Ansehen und ihre Würde eingebüßt durch den unfruchtbaren Streit der Schulen, durch die Pflege einer äußerlichen Dialektik, die sich in Paradoxen und Sophismen bewegte. Gewiß war diese Zerstörung der Autorität des Denkens für die große Masse des Volkes nicht von so erheblicher Bedeutung wie die Vernichtung der religiösen Substanz, da die Philosophie in der Hauptsache doch nur eine Angelegenheit der gebildeten Kreise der Bevölkerung war. Und doch mußte die Verzweiflung an der Theorie, welche die Intelligenz ergriffen hatte, ihre Rückwirkung auf die große Menge ausüben. In Philosophie und Wissenschaft hatte das Volk eine geistige Macht respektiert, die ihm selber unzugänglich war. Nun schwand alles dahin. Der Glaube erschüttert, das Wissen aufgelöst: es gab nichts Unbedingtes und Zuverlässiges mehr, keinen festen Halt im zerfließenden Leben.

Die Vermischung der Religionen, wie sie in der alexan-

drinischen Welt sich vollzog, hatte aber auch etwas Gutes
und Wertvolles. Sie führte zu der Ahnung, daß hinter all den
verschiedenen Göttern und Göttinnen, die von den Nationen
des römischen Weltreiches verehrt wurden, die eine göttliche
Macht sich verbarg. Und der philosophische Synkretismus
konnte auch schließlich die Überzeugung wachrufen, daß
hinter der Fülle der entgegengesetzten Schul- und Lehrmeinungen die eine ewige Wahrheit sich verbarg. Und
schließlich lag auch etwas Gutes in der engen Verbindung
von Philosophie und Religion, die für diese ganze Zeit so
charakteristisch war. Die philosophische Spekulation verband sich mit der religiösen Schau und strebte wieder dem
einen ewigen Weltengrunde zu. Dadurch wurde die Philosophie von ihrer formalen Äußerlichkeit und Zersplitterung
befreit. Sie gewann dadurch einen reichen und ewigen Inhalt. Die Philosophie lieh der Religion die Energie des Denkens. Dadurch wurde das religiöse Bewußtsein von grob-
sinnlichen und allzuvagen und verschwommenen Vorstellungen geläutert und dem Entscheidenden und Notwendigen
zugewendet. Der Philosoph wurde zum Mystiker und Propheten, der religiöse Mensch zum Lichtsucher der Wahrheit
und Weisheit. Beide wollten für das Leben sorgen und die
sittliche Wiedergeburt des Menschen wieder herbeiführen.
Beide glaubten das Ewige zu schauen, wie es sich auf die
irdische Welt herabsenkte, und beide suchten dem Menschen
über das irdische Dasein hinwegzuhelfen und ihn zu einer
reineren und höheren Welt hinzuführen.

Ein ähnliches Beginnen und Bestreben finden wir ja auch
bei einzelnen großen Denkern der Blütezeit Griechenlands.
Wir brauchen nur an Pythagoras, Empedocles und vor allem
an Platon zu denken. Denn die große Seele Platons war

keineswegs in erster Linie von spekulativ-wissenschaftlichem Interesse erfüllt. Platon war nicht nur ein großer Philosoph, sondern auch ein großer Künstler und Prophet. Die religiöse Idee der Unsterblichkeit bewegte seine Seele bis in ihre letzten Tiefen, und das Schicksal der Seele nach dem Tode hat er immer wieder von neuem zu deuten und zu verstehen versucht.

In neuerer Zeit waren es dann Apollonius von Tyana, Plutarch von Cheronea, Maximus von Tyrus und Apuleyus gewesen, in denen religiöses Prophetentum und philosophische Spekulation sich verband. Gewiß sind diese Männer nicht im entferntesten mit den großen Denkern des alten Griechenlands zu vergleichen, wenn die Größe und Kraft der Spekulation das entscheidende Kriterium bildet. Doch lebt in ihnen eine verwandte religiöse Sehnsucht, und so können wir sie als Vorläufer des großen Neuplatonikers Plotin betrachten. Plotin geht in seiner umfassenden Weltansicht und in der Hoheit seines Geistes weit über sie hinaus. Er hat eine geistige Macht geschaffen, die den Kampf mit dem Christentum aufnehmen konnte und die ihm in mancher Weise an Reinheit und Erhabenheit der Gesinnung ebenbürtig war. Er vereinigte Religion und Philosophie in einem heiligen Bunde und stellte dem Menschengeschlecht die denkbar höchsten sittlichen Aufgaben. Doch war sein Bemühen umsonst. Er kam zu spät. Er konnte die griechische Seele nicht mehr erretten und erlösen. Mit Recht hat man von ihm gesagt, daß seine Philosophie die letzte Kraftanstrengung eines Kämpfers war, der den Tod schon in der eigenen Brust fühlte. Dieser sterbende Held ist das Hellenentum und die Lehre Plotins der reinste Ausdruck für diese sterbende heldische Seele.

Plotins Leben und Sein

Nachdem wir so die Welt betrachtet haben, in der die Lehre Plotins reifen sollte, diese von so viel Strömungen erschütterte und bewegte, sterbende, der Erlösung bedürftige Welt, wenden wir unseren Blick nunmehr auf die äußeren Daten seines Lebens und erheben dann die Frage nach seinem Charakter und Seinswert.

Plotin wurde in Ägypten, wahrscheinlich in Sykopolis geboren. Von seiner Familie wissen wir nichts Näheres, denn wie Porphyrius, sein Biograph, berichtet, hat er weder von seinem Vaterlande noch von seiner Familie gesprochen. Diese Gleichgültigkeit gegenüber Familie und Vaterland erinnert an die Kyniker des alten Hellas, für die Heimat und Familie, vertrauter Ort, Herkunft und alte Gewohnheit unwesentlich waren. Während aber die Gleichgültigkeit der Kyniker gegenüber Vaterland und Tradition nur negativ im Sinne eines vaterlandslosen Weltbürgertums zu verstehen ist, ist Plotins Seele von dem positiven Ideal des reinen Menschentums erfüllt. Er fühlte sich als der gottgeweihte Prophet, der gekommen ist, um den Menschen die Erlösung zu bringen. Er war von jener allgemeinen Menschenliebe ergriffen, in der die nahen persönlichen Beziehungen der Verwandtschaft, Freundschaft und Geschlechtsliebe untergegangen sind. Er kam von Gott. Die übersinnliche Welt des Geistes war das Land seiner Väter und alle Menschen ihm verwandt als Kinder dieser wahren Heimat.

Plotin soll im Jahre 204 n. Ch. geboren und 269 gestorben

sein. Er hat von seinem 8. Jahre an die rhetorische und
grammatische Ausbildung seiner Zeit genossen. Das bloß
gelehrte, philologische und literarische Wissen des üblichen
Schulunterrichtes konnte ihn nicht befriedigen. Er sehnte
sich nach tieferer und umfassenderer Erkenntnis. Was ihm
die Schule gab, konnte im besten Falle nur Anregung und
Vorbereitung für seine eigenen Ideen bedeuten. Er sehnte
sich nach einem ganz anderen Wissen, nach einem Wissen,
das ihm Antwort geben konnte auf die Frage nach dem Sinn
des Lebens und Auskunft über die letzten Zusammenhänge
der Welt, und so wurde er in seinem 28. Jahre von einem
starken Verlangen nach philosophischer Erkenntnis ergriffen. Er hat die Schulen aller Philosophen besucht, die
sich in Alexandria des größten Rufes erfreuten, doch fand er
bei ihnen nicht das, was er suchte, keine Antwort wurde ihm
zuteil auf die Fragen, die ihn so tief bewegten, und so kehrte
er traurig und niedergeschlagen aus dem Unterricht zurück.
Statt die Wahrheit über die ewigen Dinge zu erfahren, ver-
nahm er nur die widerstreitenden Lehrmeinungen der
Schulen, die in dem Kampf um äußere Formen den wahren
lebendigen Inhalt so sehr außer acht ließen. Darüber soll er
in tiefe Melancholie versunken sein. Er wußte keinen Aus-
weg mehr aus dem Wirrsal der Meinungen, und in seiner
Rat- und Hilflosigkeit schilderte er einem Freunde seine
geistige Not und Bedrängnis. Dieser führte ihn zu einem
ganz besonderen Menschen, einem Philosophen der Straße,
der Ammonius der Sackträger genannt wurde. Der junge
Plotin trat zu diesem seltsamen Mann in ein sehr enges
freundschaftliches Verhältnis, das ein wenig an das Verhältnis Platons zu Sokrates erinnert. Als Plotin ihn zum
ersten Male gehört hatte, soll er gesagt haben: „Diesen habe

ich gesucht." Von diesem Tage an war er der treue und er-
gebene Schüler des Ammonius geworden.

Ammonius, der Lehrer Plotins, stammte von christlichen
Eltern und war in der Lehre des Christentums erzogen worden. Er geriet jedoch in Zweifel an der Wahrheit des Evan-
geliums, fühlte sich durch manche Dinge beunruhigt und ab-
gestoßen und wurde Apostat, indem er sich zum Geist des
Griechentums bekannte. Wie Sokrates war er ein einfacher
Volksmann, dem es um die ehrliche Erforschung der Wahr-
heit zu tun war. Er versammelte um sich einen bedeutenden
Schülerkreis und versuchte mit ihnen in das Geheimnis der
Gottheit einzudringen. Wie Sokrates hat auch diese sittlich
hochwertige Persönlichkeit nichts Schriftliches hinterlassen.
Er war ganz in erster Linie von religiösen Vorstellungen erfüllt. Nicht um logische Erkenntnis und ihre theoretische
Begründung war es ihm zu tun, sondern wir sehen in ihm
einen Menschen rein religiöser Natur, der ein unmittelbares
Schauen der Gottheit zu erleben glaubte. Sein religiöser
Enthusiasmus, die Sicherheit und Innigkeit seines Gott-
glaubens machte auf Plotin einen mächtigen Eindruck. Ammonius war der Auffassung, daß die griechische Philosophie
dem Christentum, von dem er abgefallen, zum mindesten
ebenbürtig, wenn nicht überlegen war, daß die großen griechischen Philosophen schon lange vor Christus die wichtigsten religiösen Ideen von Gott und der Seele klar geschaut
und gedacht hätten. Die Überzeugung, daß die griechische
Philosophie bereits in vollem Besitz der religiösen Wahrheit
war, hat Plotin von seinem Lehrer übernommen. Gegenüber
der Zersplitterung und Spezialisierung des Denkens, wie sie
im hellenistischen Zeitalter immer stärker sich geltend machten, strebte Ammonius dahin, die Fülle der Formen und

Ideen auf ein höchstes göttliches Prinzip zurückzuführen. Und gerade das muß es gewesen sein, was Plotin so innig an seinen Meister fesselte. Auch seine Seele war ergriffen von unendlicher Sehnsucht nach dem Einen und Göttlichen.

Plotin ist 8 Jahre lang, bis zu seinem 38. Lebensjahre der Schüler des Ammonius gewesen. In diesen Lehrjahren ist augenscheinlich seine philosophische Grundansicht über Welt und Leben gereift. Als dann im Jahre 242 sein Lehrer starb, fesselte ihn nichts mehr an Alexandria, eine Stadt, deren Bildungsmöglichkeiten er ja genügend erkannt und durchforscht hatte. Und so begibt sich Plotin auf Wanderschaft, um seine philosophischen Gedanken in einer anderen Bildungssphäre noch weiter zu vertiefen und zu befestigen und den Schmerz um den Tod des geliebten Meisters durch Trennung von der Stätte seiner Wirksamkeit und ihres gemeinsamen Erlebens sanfter werden zu lassen. Er verschließt seine Gedanken in sich. Er will seine Ideen noch nicht verbreiten. Er will sie erst erweitern und erproben. Und so nimmt er an einem Feldzug der Römer gegen Persien teil, um die persische Philosophie und Religion kennen zu lernen, während ihm die römische Militärmacht Schutz und Sicherheit im fremden Lande gewährte. Der Zug des römischen Feldherrn mißglückte, und Plotin fand in den persischen Lehren nicht die Weisheit und Erkenntnis, die er vermutet hatte. Er befreite sich nunmehr von jedem Autoritätsglauben und schöpfte nur noch aus der Tiefe seines freien und selbständigen Geistes. Er begab sich, 40 Jahre alt, zunächst nach Antiochia und dann nach Rom, um seine Lehre zu begründen und zu vertreten, in der noch einmal die ganze Kraft und Schönheit des hellenischen Geistes aufleuchtete.

In Rom wirkte Plotin anfangs ganz im Stillen. Er trat

nicht, wie es damals so häufig geschah, mit großem Prunk als neuer Prophet auf, sondern suchte zunächst Menschen, die ihn verstanden, um ihnen das Neue, was er gefunden hatte, mitzuteilen. So entwickelte er seine philosophischen Ideen im Verkehr mit Menschen, die ihm in Freundschaft und Liebe verbunden waren. Er adelte die persönlichen Beziehungen durch die Schönheit und den Reichtum seines Geistes, ähnlich wie es Sokrates im Umgang mit seinen Schülern getan hatte. Allmählich bildete sich um ihn ein Schülerkreis, dem eine Reihe bedeutender Männer und Frauen angehörte. Er sprach zu den Seinen in Versammlungen und pflegte mit ihnen den Dialog. So hat er einmal mit Porphyrius, seinem Schüler und Biographen, drei Tage lang über das Verhältnis von Seele und Körper gesprochen. Bei den Zusammenkünften wurden die Schriften der Philosophen gelesen. An das Vorgelesene pflegte Plotin dann seine Betrachtungen anzuknüpfen. Er stellte das Gelesene unter einen allgemeinen philosophischen Gesichtspunkt und legte die ganze Glut und Innigkeit seiner religiösen Überzeugung hinein. Aus seinen Worten tönte die Sprache des gotterfüllten Menschen, des ekstatischen Mystikers und Propheten. An die Lektüre des Fremden knüpfte er Ureigenes und Persönliches an und wußte seine Freunde und Schüler ganz in seinen Bann zu zwingen und zu bezaubern. Der Kreis seiner Anhänger dehnte sich immer weiter aus, so daß selbst römische Senatoren seine Lehren und Lebensregeln sich zu eigen machten. So wird von einem römischen Senator Rogatianus berichtet, daß er unter dem Eindruck der Lehre Plotins in der Verachtung des irdischen Lebens und seiner Güter soweit ging, daß er sich der Besitztümer entäußerte, die Sklaven fortschickte und seine Stel-

lung als Prätor aufgab. Er gab Haus und Eigentum auf und
wohnte nur noch bei seinen Freunden. Reichtum und Ehre
hatten alle Bedeutung für ihn eingebüßt, nachdem er durch
Plotin den Weg des wahren Heils gefunden. Der Ruf des
letzten großen griechischen Philosophen drang bis an den
Hof des Kaisers Gallienus, die Kaiserin verehrte ihn als gott-
gesandten Propheten.

Die großen Vorbilder, denen Plotin nachstrebte, waren
Sokrates und Platon, von denen die Weihe der griechischen
Kultur ausgegangen war. Er bat den Kaiser, eine zerstörte
Stadt in Campanien neu aufzubauen und sie dem Andenken
des göttlichen Platon zu weihen. Die Stadt sollte Platono-
polis heißen und eine wahrhafte Philosophenstadt werden. In
ihr sollten die Gesetze und Bestimmungen Leben und Wirklichkeit gewinnen, die Platon in seiner Konstruktion des
idealen Staates gegeben hatte. So sollten die Ideen des
größten griechischen Denkers, die er selber nicht zur Ausführung bringen konnte, in begrenzter Form zu seinem
ewigen Andenken Verwirklichung finden. Der ganze Plan
bedeutete wohl in erster Linie eine Handlung der Pietät und
Dankbarkeit, wenn auch Plotin gewisse Erwartungen für
die Kultur des philosophischen Geistes mit diesem Werk
verbinden mochte. Der Kaiser war ursprünglich bereit, auf
den Plan Plotins einzugehen, doch hielten ihn schließlich
seine Ratgeber davon zurück, weil sie die praktische Durchführung für unmöglich hielten.

Besonders hohe und feierliche Gedenktage waren für Plotin und seine Gemeinde die Geburtstage von Sokrates und
Platon. In feierlicher Stimmung kam man zusammen und
ehrte den Genius der großen Denker Griechenlands durch be-
geisterte Hymnen. Man huldigte dem Genius Platons und

Sokrates durch feierliche Opfergaben. Die Söhne des sterbenden Griechenlands feierten in ihnen die wundervolle Größe und Blüte des perikleischen Zeitalters.

Mit schriftstellerischer Tätigkeit hat Plotin erst verhältnismäßig spät begonnen. Anfangs wollte er von den Lehren seines Meisters Ammonius und von den eigenen Ideen, die an ihnen gewachsen waren, nichts der profanen Öffentlichkeit preisgeben. Er hütete das alles, wie ein seliges Geheimnis und gewährte nur nahestehenden und befreundeten Menschen einen Einblick in diese verborgene Gedankenwelt. Schließlich aber fühlte sich sein Genius zur Objektivierung seiner Gedanken gedrängt, zumal er von seinen Schülern, Freunden und Anhängern immer wieder dazu aufgefordert wurde, und so entstanden die von seinem Schüler Porphyrius redigierten Enneaden, 6 Bände, von denen jeder 9 Abhandlungen philosophisch-religiösen Charakters enthält, die von den höchsten Fragen des menschlichen Geistes handeln; von der Gottheit, der Vernunft, der Seele, der Unsterblichkeit, der Freiheit, der Schönheit und Wahrheit, von den Ideen der Natur und der Materie, von alle dem, was die Seele dieses großen Griechen in ihren letzten Tiefen erschütterte und bewegte. Alle grossen Mächte des Geistes, eine Fülle von Begriffen und tiefem anschaulichem Verstehen ist hier in Verbindung gesetzt zu dem göttlichen Einen, das über alle Dinge geht. Ein wundersam ergreifendes Bild. Alles das, was der schöne griechische Geist in der verhältnismässig kurzen Zeit seines Werdens, Blühens und Vergehens in großer Intuition geschaut oder im ruhigen Gange der wissenschaftlichen Methode entdeckt und gefunden hat, hier ist es gesammelt, geordnet und aufbewahrt, aber nicht als bloßes Aggregat, sondern zur Einheit gebracht durch eine große, einheitlich gerichtete Persönlichkeit und von einem verwandten, aber doch neuen und einzigartigen Geist durchdrungen.

Ohne Zweifel ist die ganze Ordnung, die Porphyrius den Schriften Plotins in den 6 Enneaden gegeben hat, gewaltsam und konstruktiv. Er hat einem Zahlenschema zuliebe das getrennt, was zusammengehört und das verbunden, was für sich hätte bleiben sollen. Es handelt sich nicht um die Darlegung eines Systems, sondern um Einzelabhandlungen, die aus sehr verschiedenen Voraussetzungen hervorgegangen sind und die schließlich in letzter Hinsicht der ewigen Wahrheit von dem göttlichen Einen geweiht sind. Es handelt sich in der Hauptsache um sogenannte Logoi, um Vorträge, die Plotin in seinem Schülerkreise über die wichtigsten Fragen der Philosophie gehalten hat. Aus solchen später aufgezeichneten Logoi setzten sich die Enneaden zusammen.

Porphyrius gliedert die 54 Schriften, die Plotin verfaßt hat, ihrer zeitlichen Entstehung nach in drei Teile. Die Abhandlungen des ersten Zeitabschnittes bezeichnet er als verhältnismässig jugendlich und unreif, obwohl doch Plotin bei ihrer Abfassung schon 50 Jahre zählte. Wir rechnen die erste Epoche bis zu jenem Zeitpunkt, da Porphyrius in den Schülerkreis Plotins eintrat. Wir können diese Epoche auch als die platonische in der geistigen Entwicklung Plotins verstehen. Gewiß, Plotin war zeit seines Lebens vom Geiste Platons bestimmt. Bedeutet doch der Neuplatonismus die Renaissance der platonischen Philosophie im alexandrinischen Zeitalter. Aber in jener ersten Zeit seines Schaffens und Wirkens hat der platonische Geist am stärksten und unmittelbarsten auf ihn gewirkt. Es ist verfehlt, die Schriften der ersten Periode mit Porphyrius als weniger stark und

relativ jugendlich zu bezeichnen. Vielmehr gehören zu ihnen
einige der schönsten Schriften Plotins, die sein Andenken im
Gedächtnis der Menschheit besonders lebendig erhalten. Wir
meinen in erster Linie die Schrift über das Schöne, die in
ihrer geistigen Verklärung des Sinnlichen eine ästhetische
Metaphysik zum Ausdruck bringt. In den Schriften der
ersten Epoche will Plotin in einer Zeit des inneren und
äußeren Zerfalls, der vollkommenen Auflösung von Moral,
Sitte und Tradition, des niederdrückenden hoffnungslosen
Zweifels an allen Werten Führer und Wegweiser sein und
die Menschen zur Besinnung auf die wahren und unverlier-
baren Güter des Geistes führen. Er zeigt den verzweifelten
Menschen den Pfad der Erlösung. Er kündet ihnen die
Anagoge, den Aufstieg des Geistes zum Intelligibelen hin
und weist in die Welt des Übersinnlichen hinein. Jeder
Mensch trägt in sich eine ewige Heimat, und Plotin will den
Menschen dahin führen, sich auf sich selbst und die ewige
Heimat, die er besessen hat, zu besinnen. So tritt uns hier
Plotin als Reformator und Prophet entgegen, der der Welt,
die in Dumpfheit und Sinnlichkeit versunken ist, die Bot-
schaft des Geistes kündet.

Der zweite Zeitabschnitt von Plotins schriftstellerischer
Tätigkeit umfaßt die 6 Jahre, da Porphyrius in seinem Kreis
verweilte. Diese Epoche zeichnet sich durch besondere Energie des Schaffens aus. Man kann sie mit Max Wundt als die
aristotelische bezeichnen. Wohl gibt es auch hier noch einige
Logoi, die ganz aus dem platonischen Geiste empfangen sind
und in denen sich der Enthusiasmus des Reformators und
Propheten in leidenschaftlich gehobener Sprache offenbart.
Dahin gehören die Schriften III 8 über das Schauen, V 8 über
die intelligibele Schönheit, so wie alles das, was er dort über

das Gute und über den Aufstieg der Seele kündet. Die anderen Abhandlungen haben einen teilweise kritischen, teilweise theoretisch beweisenden und begründenden Charakter. Sowohl in der Stoffwahl als auch in der gelehrten Behandlungsweise des Problems sind diese λόγοι aristotelisch. Die Anknüpfung an Aristoteles ist überall erkennbar, wenn auch die platonische Gesinnung nach wie vor bestehen bleibt. Die kritische Haltung zeigt sich besonders in dem Kampf gegen die Gnostiker und den Materialismus, die beide aus ganz verschiedenen Gründen die Auffassung vertreten, daß die Welt, in der wir leben, nicht schön und wertvoll sei. Die Gnostiker lehren die ewige Welt der Äonen, in der alle Schönheit und Seligkeit zu finden ist. Die diesseitige Welt wird von ihnen gering geachtet. Sie hat am Ewigen und Göttlichen keinen Anteil. Sie verdankt ihren Ursprung der Schuld und der Sünde. Die materialistischen Epykuräer dagegen kennen überhaupt nichts Göttliches und absolut Wertvolles. Für sie beruht alles Leben auf Bewegung der Materie.

Wenn in der ersten Zeit seines Schaffens und Wirkens der Aufstieg der Seele zu Gott das entscheidende Problem war, die Erhebung über die Sinnenwelt in die reine Sphäre der Geistigkeit, so handelt es sich nunmehr vor allem um die Frage: Wie kommt das Göttliche zur Welt? Der Weg von unten nach oben tritt in der Reflexion mehr zurück, die Aufmerksamkeit und das Interesse des Philosophen gehören vor allem dem Weg, der von oben nach unten führt. Dies Problem erscheint hier im Gewande einer theoretischen Deduktion. Das gilt besonders für die logische Hauptschrift Plotins, für die Abhandlung über die Kategorien. Hier wird die Untersuchung über diese Gattungsweisen des Seins, die Aristoteles zuerst zum Gegenstand des Nachdenkens gemacht hatte, weitergeführt und vertieft durch die wichtige Unterscheidung zwischen den Kategorien der übersinnlichen Welt und der Sinnenwelt, eine Frage, die für die Logik der Gegenwart wieder bedeutungsvoll geworden ist. Außer dem Problem der Kategorien beschäftigt ihn in dieser Zeit ganz besonders das Verhältnis der intelligibelen zur sinnlichen Welt, das Wesen der Seele und verschiedene Einzelprobleme, wie Möglichkeit und Wirklichkeit, Zeit und Glückseligkeit. Alle diese Fragen sind auch Fragen der aristotelischen Philosophie.

Die Hinwendung zu den Fragen der aristotelischen Philosophie ist nicht auf äußere Einwirkung, so etwa auf den Eintritt des Porphyrius in den Plotinschen Schülerkreis zurückzuführen, mit dem sie zeitlich zusammenfällt. Porphyrius kann höchstens eine äußere Anregung zum Studium der aristotelischen Philosophie gegeben haben. Vielmehr wurde Plotin mit innerer Notwendigkeit zu den Problemen geführt, die von dem größten wissenschaftlichen Denker der Hellenen eine so eingehende Behandlung und Würdigung erfahren hatten. Das Verhältnis der intelligibelen zur sinnlichen Welt, das ihn in der „aristotelischen" Epoche beschäftigt, wird schon in der ersten Epoche seines Denkens immer wieder berührt und aufgeworfen. Handelt es sich hier doch um eine Frage, die Plotin ganz besonders am Herzen lag. Was ihn anfangs als religiöse Idee in tiefster Seele bewegte, das sucht er später theoretisch zu rechtfertigen und zu begründen. Wenn nun auch das theoretische Interesse in dieser Epoche stark hervortritt, so hat er doch niemals aufgehört ein großer Verkünder religiöser Heilswahrheiten und ein prophetischer Geist zu sein. Und so vermochte er mit seiner Lehre immer weitere Kreise des gebildeten Roms zu ergreifen und für sich

zu gewinnen. Er schuf eine Religion der Geistesaristokratie,
wie Christus eine Religion der geistig Armen geschaffen hatte.
Wenn sich Christus vor allem an die Armen und Elenden,
die Mühseligen und Beladenen, die Zöllner und Sünder wen-
dete, so Plotin an die Intelligenz des römischen Weltreichs.

Die dritte Zeit von Plotins Wirken kann man als die „stoische Epoche" bezeichnen. Wenn er in der zweiten Periode
über das Verhältnis der Glückseligkeit zu den Dingen der
irdischen Welt reflektierte, in dem Sinne, daß er die Frage
erhob, ob die Glückseligkeit mit der Zeit einen Zuwachs er-
fahre oder nicht, so behandelt er das Thema der Eudämonie
jetzt ganz in popular-philosophischer Weise. Er will den
Menschen zeigen, worin ihr wahres Glück liegt. Auch in der
großen Abhandlung über die Vorsehung wird ein beliebtes
Thema der Popularphilosophie behandelt. Er ruft zur Besinnung die Geister, die sich ihrer wahren Heimat entfremdet
haben. Er will mit Allgewalt den Geist zu sich selbst zurückführen und die einsame Seele zu Gott als ihrem letzten
Lebensgrunde hingeleiten. Er will den alten Zauberliedern
ein neues hinzufügen, so sagt er selbst, indem er seine Kraft
und sein Wesen mit der Kraft des Magiers vergleicht. Er gibt
dem platonischen Eros eine neue Deutung. Er will der Liebe
Sinn und Wesen künden.

Der Charakter dieser Schriften läßt vermuten, daß Plotin
in der letzten Epoche seines Wirkens und Schaffens den
Wunsch hegte, auf weite Kreise einzuwirken. Deshalb wählte
er statt der strengen Form theoretisch-wissenschaftlicher
Begründung die leichter verständliche Sprache der Popularphilosophie und wählte auch das Thema seiner Logoi so, daß
sie nicht nur für rein geistige Menschen von Interesse
waren, sondern auch geeignet schienen, weitere Schichten

des Volkes zu bewegen. Vielleicht aber liegt der Hauptgrund für die Veränderung seiner Schreibweise in der Entwicklung seines Lebensschicksals. Die letzten Jahre Plotins waren von Einsamkeit und Schmerz erfüllt. Einige seiner liebsten Freunde waren kurz hintereinander gestorben. Sein Gönner, der Kaiser Gallienus, auf den er für die Durchführung seiner Ideen stark gerechnet hatte, wurde vorzeitig vom Tode dahingerafft. Dazu wurde er von einer furchtbaren Krankheit befallen. Seine Stimme verlor ihren Klang, sein Augenlicht erlosch, und Geschwüre bedeckten Hände und Füsse. Er vereinsamte immer mehr, da er den Verkehr mit seinen Schülern und Freunden in Rom nicht mehr fortsetzen konnte. So zog er sich auf das Gut eines Freundes nach Camponien zurück und vollbrachte dort die letzten Jahre seines Lebens.

Wir verstehen es, daß diese Schicksalsschläge ihn aus seiner ruhigen theoretischen Haltung, aus der Beschäftigung mit logischen Problemen herausgerissen und ihn den heißumstrittenen Fragen des Lebens zuwandten. Und so erhebt er die Frage nach dem wahren Glück, nach dem Grund des Bösen und nach dem Walten der Vorsehung, Fragen, die jeden Menschen unmittelbar angehen. Jetzt will die Seele von neuem Gewißheit haben von ihrer Heimat und der übersinnlichen Welt, aber der Weg zu Gott wird nicht gefunden in der lebensfrohen Betrachtung des Schönen in der Welt, sondern der Geist ist mit sich beschäftigt, in tiefe Meditationen versunken. Er hat sich dem äußeren Leben abgewandt. Im Denken und Schauen des eigenen Wesens will er jene Ruhe finden, die ihm die Welt versagt. Er findet Trost in der Lektüre von Platons Symposion und seiner Lehre von der dämonischen Liebe.

In den Schriften des letzten Jahres tritt dann die theoretische Haltung wieder stärker hervor. Noch einmal hatte

Plotin mit den tiefen Rätselfragen des Lebens gerungen und schließlich sich die ersehnte Ruhe erkämpft. In ruhig kontemplativer Geisteshaltung sucht er das Böse in der Welt metaphysisch zu rechtfertigen und verkündet die Einheit des göttlichen Willens, neben dem die Freiheit der Persönlichkeit doch Bestand hat. Vor allem bedeutsam aber ist die Schrift über das Gute (I, 7), an Umfang gering, aber von großer philosophischer Tiefe. Erhoben wird die Frage nach dem höchsten Gut und dem rätselhaften Grunde alles Lebens und Seins. Alles was Plotin über den höchsten Gegenstand seines Nachdenkens, über das verschwiegene Geheimnis seiner religiösen Liebe angedeutet und im einzelnen ausgeführt hat, alles das kommt noch einmal wieder, alle Motive tönen nach, in gedrängter Form und Gestalt begegnet uns noch einmal, was für die Eingeweihten verständlich, den Grundgehalt seiner Lehre bildet. Aus den letzten Tiefen seiner Lehre heraus erhebt er die Frage, was wohl der Tod bedeuten möchte, was wohl der Sinn des Todes sei, ob er ein Übel ist oder ein Gut. Fußend auf alle dem, was er gefühlt, gelebt, gelitten und gedacht hat, stellt er die Frage des Todes, rüstet er sich, den Kampf mit dem Tode aufzunehmen, der ihm näher und näher kommt.

In Campanien, jener Landschaft Italiens, wo des göttlichen Platons Stadt seinem Wunsche und seiner Sehnsucht nach errichtet werden sollte, ein Wunsch, den die Gegner Plotins vereitelt hatten: in dieser Landschaft ist er gestorben. Dem Tode nah war er anfangs ohne ärztliche Hilfe. Als dann endlich der Arzt zu ihm eintrat, rief Plotin aus: „Nur dich erwartete ich noch, um das Göttliche in mir zum Göttlichen im All hinaufzuführen." So starb er als Philosoph und tief religiöser Mensch.

Wenn wir von den äußeren Daten seines Lebens und Wir-

kens zu seiner Persönlichkeit und ihrem eigentümlichen
Seinswert, von den Werken, die er geschaffen, zu dem
schöpferischen Menschen übergehen, so erkennen wir sogleich, daß es sich um einen tief religiösen Menschen handelt,
ja wir können vielleicht von einem religiösen Genie sprechen.
Denn aus Plotins Schriften redet zu uns die tiefe Innerlichkeit des mystischen Gefühls und der sieghafte Enthusiasmus
des Propheten. Der religiöse Grundzug seines Wesens verbindet sich mit hoher spekulativer Einsicht und Schärfe und
Feinheit des Denkens. Zu dem Propheten und Philosophen
gesellt sich der Erzieher. Hat sich doch seine reformatorische
Tätigkeit in erster Linie der Jugend zugewandt. Er hat ähnlich wie Platon eine umfangreiche erzieherische Tätigkeit
ausgeübt. Darüber berichtet Porphyrius: „Viele Männer und
Frauen aus den vornehmen Familien brachten ihm vor ihrem
Tode ihre Kinder, Knaben sowohl als Mädchen, und über-
gaben sie ihm mit ihrem sonstigen Besitz als einem heiligen
und göttlichen Wächter." Deshalb war sein Haus voll von
Knaben und Jungfrauen. Er ist um ihre Erziehung besorgt
und wacht über die Verwaltung ihres Vermögens. Groß war
sein Sinn für Gerechtigkeit. Deshalb wurde er häufig als
Schiedsrichter zur Entscheidung eines Rechtshandels gewählt.
Er war ein guter Kenner der menschlichen Seele, er besaß
einen eindringenden Scharfblick und gute Charakterkenntnis.
Er konnte sich in die Seelen der Menschen hineinversenken,
ihre Anlagen erfühlen und verstehen, ihre Absichten und
Pläne erraten. Vor seinem hellseherischen Blick schien auch
die Zukunft ihres dunkelfaltigen Schleiers sich zu begeben.

Sein ganzes Innenleben war durchdrungen von der Gottesidee, darin seine Seele ruhte, und was er von Gott erschaut
und in Gott erlebt, suchte er auch im irdischen Leben zur

Geltung zu bringen. Seine ganze Erscheinung war wie von einem höheren Lichte durchleuchtet. Durch die sinnliche Hülle strahlte überall der Geist hervor. Gerade das machte ihn so schön. Er sehnte sich nach Reinheit und nach Erhebung über das Zeitliche. Er war von glühender Begeisterung und gleichzeitig auch von süßer Schwermut erfüllt. Alles Äußere schätzte er gering, so daß er seinen Körper vernachlässigte und durch allzu spärliche Kost sich Schlaflosigkeit zuzog. Wenn er das Religiöse, Philosophische und Pädagogische mit Platon gemeinsam hatte, so fehlt ihm doch die Darstellung des ästhetischen Wertes im Leben. Platon war ein künstlerisches Genie. Das Symposion kann man zu den größten Kunstwerken aller Zeiten zählen. Platon ist auch von der Wirklichkeit des Schönen im Leben überzeugt und bejaht mit glühender Liebe die Sinnenpracht der schönen Gestalt. Plotin ist sehr viel mehr Asket als Platon. Wenn er auch die Schönheit und Güte des Universums zu rechtfertigen weiß, so ist er doch nicht so lebensbejahend und vom Zauber der Schönheit besessen, wie Platon uns im Phädros, Symposion und auch im Philebos entgegentritt. Platon liebt diese Welt, in der Leid und Freude immer gemischt sind, Plotin will diese Welt überwinden. Mochte er aber noch so sehr den Schwerpunkt seines Lebens und Denkens in das Transzendente und das Innerliche des Gefühls verlegen, so machte ihn diese kontemplative Haltung doch nicht lebensfremd. Er legte großen Wert auf nahen persönlichen Umgang und wußte den Anforderungen des Lebens sehr wohl gerecht zu werden. Er war von großer Liebenswürdigkeit und Hilfsbereitschaft, und sehr viel Milde und Güte ging von ihm aus, so daß er allen Menschen wohl tat, die seinen Umgang genossen.

Das Wesen der plotinschen Philosophie und ihr Verhältnis zur Vergangenheit

Es ist nicht immer ganz leicht, den richtigen Blickpunkt zu finden, von dem aus der Geist eines Systems oder einer philosophischen Lehre am besten sichtbar wird. Schwierig ist es auch in hohem Maße zu einer richtigen Einschätzung und Würdigung der philosophischen Leistung der Vergangenheit zu gelangen. Werden wir doch nur zu sehr geneigt sein, das am höchsten einzuschätzen, was der Bewegung und den Problemen der Gegenwart am meisten entgegenkommt. Wird es doch für uns manchmal sehr schwierig sein, denjenigen Fragen Andacht und Verständnis entgegenzubringen, die, in der Vergangenheit sehr lebendig, im Kulturbewußtsein der Gegenwart ruhen.

Wenn Plotin schon zu seinen Lebzeiten und von seinen vertrautesten Schülern falsch verstanden wurde, so war das bei seiner schwer verständlichen und manchmal rätselhaften Schreibweise in der Folgezeit noch viel mehr der Fall. Die Kirchenväter deuteten Plotins Vernunftprinzipien ganz im Sinne der Trinitätslehre, und auch der Renaissancephilosoph Marsilius Ficinus machte aus ihm einen bloßen Erklärer und Kommentator der platonischen Philosophie und verkannte somit vollkommen die Selbständigkeit und Originalität des plotinschen Geistes. Die Enzyklopädisten des 18. Jahrhunderts haben seine Lehre als Spinozismus und Pantheismus verstanden. Das ist natürlich eine ganz unmögliche Deutung, denn im Spinozismus, der ja als Pantheismus angesehen werden muß, ist weder das psychisch Wirkliche auf physische Wirklichkeit, noch umgekehrt die physische Welt auf die geistige zurückgeführt. Vielmehr bleiben beide selbständig nebeneinander bestehen. Der psychischen Welt entspricht die physische Welt vollkommen und beide wirken nicht aufeinander ein. Es gibt keine psycho-physische Kausalität, sondern das Verhältnis der geistigen und materiellen Sphären wird als psycho-physischer Parallelismus verstanden. Dagegen ist bei Plotin die Bedeutung und Realität der Körperwelt vollkommen herabgesetzt gegenüber der geistigen Welt. Die Welt der Materie scheint an fernen Horizonten zu verschwinden und sich nur noch als dunkler Schein in trüber Ferne geltend zu machen. Sonst ist die ganze Welt vom Lichtglanz der Vernunft erfüllt, und die Materie, das Körperliche und Sinnliche ist nicht mehr als die bloße Negation des Lichtgeistes. Auch ist der Neuplatonismus kein Pantheismus in dem Sinne, daß Gott in der Natur aufgeht, so daß Gott und Welt zusammenfallen, wie es die Stoa, Giordano Bruno und Spinoza meinen. Tritt doch auch in der Philosophie Brunos, die von Plotin herkommt, die Idee des Transzendenten vollkommen zurück hinter der Vorstellung von der Weltseele als dem göttlichen Prinzip der Natur, das alles durchdringt und alles gestaltet, so daß von den Grundprinzipien Plotins nur das dritte aufbewahrt bleibt. Plotin dagegen betont auf das stärkste die Idee des Transzendenten. Das göttliche Eine und die Vernunft gehören vollkommen der übersinnlichen Welt an, und erst das dritte Prinzip, die Weltseele, vermittelt den Übergang von der einen zur anderen Welt. Man kann höchstens von einem Pantheismus des Geistes bei Plotin sprechen, sofern der Geist des Göttlichen, in seinem reinen Wesen hoch über die Welt erhaben, als das universale Prinzip auch diese

34

unsere Welt erfüllt und durchdringt und sie zur Schönheit des Lebens und der Natur reifen läßt.

Später hat dann Plotin besonders durch den Neukantianismus eine arge Verkennung erfahren. Vom Standpunkt einer Lehre, die sich eng an Kants Begriff der Erfahrung anschloß und eine rein immanente Welterkenntnis vertrat, schien die Lehre Plotins phantastisch und überstiegen. Man beachtete nicht die Schönheit und den Reichtum dieser Lehre, die dem Weltleben so tiefe Bedeutung zu geben vermochte, sondern erblickte in einseitiger Kampfstellung gegenüber aller Metaphysik das Entscheidende seiner Lehre in orientalischem Mystizismus.

In dem Kreise seiner Schüler wurde die philosophische Leistung Plotins aufs höchste gewürdigt. Frommer Glaube versetzte die geliebte und unendlich eindrucksvolle Gestalt nach den seligen Gefilden, wo sie in Gemeinschaft mit Platon, Pythagoras und anderen Dämonen ewige Freuden der Jugend und Schönheit genoß. Wie Platon als der göttliche verehrt wurde, so pflegten die Schüler Plotins ihren Meister mit dem Beiwort ϑειότατος zu schmücken.

Von Liebe und Verständnis für Plotin waren auch ganz besonders die Kirchenväter ergriffen. Gewiß, sie deuteten die Ideen der christlichen Religion in den Neuplatonismus hinein, aber sie wußten auch die Tiefe seiner philosophischen Gedanken und die Schärfe seiner Argumente zu würdigen. So benutzten sie seine Grundgedanken in ihrem Kampf gegen den Gnostizismus. Sehr viel später im Renaissance-Zeitalter hat dann vor allem Marsilius Ficinus zu einer Würdigung der Schriften Plotins beigetragen.

Ganz besonders aber hat die Philosophie des deutschen Idealismus mit ihrem großen spekulativen Zug das Verständnis Plotins gefördert. Der deutsche Geist, der in dieser Zeit den höchsten metaphysischen Ideen zugewendet war, empfand seine Verwandtschaft mit dem letzten großen Denker der Hellenen. So besteht augenscheinlich eine innere Verwandtschaft zwischen Schelling und Plotin. Schellings intellektuelle Anschauung steht dem plotinischen Schauen nah. Für beide ist diese kontemplative Einstellung gegenüber dem Leben und die religiös-ästhetische Geisteshaltung charakteristisch.

Immer mehr brach sich die Auffassung Bahn, daß es sich in den Schriften Plotins um eine Schöpfung des rein hellenischen Geistes handelt, die nur in untergeordneter Weise durch orientalische Elemente beeinflußt ist. Seine Stellung zur Vergangenheit der großen griechischen Philosophie ist besonders glücklich durch Eduard Zeller charakterisiert. Das Denken Plotins hatte nicht die Macht, alle Probleme, die den griechischen Geist bisher bewegt hatten, logisch zu durchdringen und weiterzuführen. Er hatte nicht die Fähigkeit, ihnen eine neue Lösung zu geben und alle Prinzipien, die schon früher zur Weltdeutung Anwendung gefunden hatten, in einem tieferen System zusammenzufassen, sie zu einer höheren Einheit zu führen, wie es das große System des Aristoteles vermocht hatte, das in systematischer Form den Ertrag aus der Entwicklung des griechischen Denkens zog und alles zu einer Entscheidung brachte, indem es das Denken der Vergangenheit mit äußerster Konsequenz zu einem letzten möglichen Ende führte.

Die Philosophie Plotins ist nicht der systematische, sondern nur der historische Abschluß der Entwicklung der griechischen Philosophie. Plotin ist der letzte griechische Denker, und noch einmal erklingen uns in seiner Lehre alle Motive und Akkorde, die der griechische Geist aus sich herausgebildet hatte. Noch einmal wird mit der Macht der Überzeugung uns verdeutlicht, was dieser Geist der Menschheit gegeben mit seiner Lehre von der transzendenten Ideenwelt, von Eros und Logos, vom Schauen und von der Schönheit. Gleichgültig gegenüber den Fragen der Naturwissenschaft, ist Plotin von der nacharistotelischen Philosophie und ihrem materialistischen oder einseitig moralischen Charakter weit getrennt. Nicht das spekulativ-wissenschaftliche, sondern das religiöse Interesse ist für ihn ausschlaggebend. Nicht das moralische Gebot, sondern einen rein religiösen Inhalt hat er in den Mittelpunkt seiner Weltanschauung gesetzt.

Wir dürfen die Lehre Plotins nicht überschätzen. Sie bildet kein System ersten Ranges und darf nicht als Tat des philosophischen Genies aufgefaßt werden. Als Philosoph steht Plotin hinter Platon und Aristoteles erheblich zurück. Er ist ein religiöser Prophet, der die Tiefe seines Gotteserlebnisses in das Gewand des griechischen Denkens und in die Sprache der Schönheit einkleidet. Seine Philosophie mutet uns an wie ein Kunstwerk von später Kostbarkeit, das schon in seinem Entstehen zum Untergang verurteilt war. Er hob in seiner Lehre alles auf, was der griechische Geist Großes und Wertvolles geschaffen hatte. Seine Philosophie steht an der Scheidegrenze zweier Welten. Sie mutet uns tragisch an als der letzte große geistige Ausdruck einer sterbenden Kulturwelt im Kampfe gegen die neuen Mächte, welche die Zukunft in sich trugen und nicht mehr zu überwinden waren. Die Herrschaft des hellenischen Geistes sollte dem Geiste des Christentums weichen.

Die Lehre Plotins ist ihrem Ursprung nach im wesentlichen eine reine Schöpfung des griechischen Geistes und ihrem Charakter nach Religionsphilosophie. Der religiöse Wert hat in ihr den unbedingten Primat erhalten. Während für die platonische Philosophie die enge Verbindung des ethischen und religiösen Wertes entscheidend ist und die Philosophie des Aristoteles im Zeichen des theoretischen Wertes steht, bedeutet die Philosophie Plotins den unbedingten Primat der religiösen Vernunft. Wenn wir von einer praktischen Tendenz dieser Lehre sprechen wollen, so ist sie der letzte große Versuch des Hellenentums, die geistige Weltherrschaft zu gewinnen.

Nach der Lehre Plotins gibt es zwei Welten, die einander gegenüberstehen: eine göttliche und eine irdische, und diese beiden Welten treffen sich in der Seele. Die Seele hat an beiden Anteil, sie ist göttlich und irdisch zugleich. So ist in der ganzen Lehre ein Dualismus gedacht, der nach Aufhebung und Überwindung drängt. Es gibt etwas Göttliches und Reines, das über die Natur der Seele hinausgeht und etwas Ungöttliches, Gottfremdes, darüber die Seele sich emporheben muß. Diese beiden entgegengesetzten Mächte, das Irdisch-Sinnliche und das Übersinnliche berühren die Seele und drängen sie zur Wahl. Ihre Aufgabe kann nur darin bestehen, die irdisch-sinnliche Welt zu überwinden und ihrer höheren Heimat zuzustreben.

So verbindet sich mit dem metaphysischen Grundgedanken dieser Philosophie eine Ethik, die von der wahren Bestimmung des Menschen handelt, die offenbaren will, was der Mensch zu tun hat, um sein wahres Leben zu leben. Sie zeigt, daß der Mensch eine übersinnliche Bestimmung besitzt und daß für ihn alles darauf ankommt, sich dieser übersinnlichen Bestimmung bewußt zu sein.

Die Metaphysik Plotins trägt einen rein religiösen Charakter. Ihr höchster Gedanke ist Gott als Urquell alles Lebens, aus dem die Dinge in ihren mannigfaltigen Formen hervorgegangen sind und zu dem alle Dinge wieder zurückkehren. Gott ist das Transzendente: er weilt an einem überhimmlischen Ort. Er ist außerweltlich und überweltlich und durch den Begriff niemals zu begreifen. Er ist das Eine, in dem die Einheit unseres Wesens begründet ist und in dem alle Mannigfaltigkeit des Lebens ruht. Er ist das Eine, das übergeht und sich entäußert in unendlicher Fülle zu immer neuen Gestalten des Daseins. Das Göttliche an sich ruht in einsamer Schönheit und Güte. Es wohnt in seinem eigenen Lichte und hat mit der Sinnenwelt der Materie nichts zu schaffen. Wie Gott an sich beschaffen sein mag, können wir nicht wissen. Wir können ihn nur schauen und erleben. Über alles Menschliche erhaben, duldet er zu seiner Bestimmung auch kein menschliches Attribut. Wir können nicht einmal die Idee der Persönlichkeit auf ihn anwenden, die den Kern unseres Wesens bildet, denn mit dem, was wir unter Persönlichkeit verstehen, ist immer die Vorstellung der einseitigen Begrenzung verbunden. Wohl aber ist er der Grund unseres persönlichen Wesens. Die Einheit bildende Kraft der Persönlichkeit ist etwas Göttliches in uns.

Es gibt nur einen Gott. Plotin vertritt den reinen Monotheismus des Geistes. Wenn er von Göttern spricht, so tut er das mit Rücksicht auf die herrschende religiöse Vorstellungswelt, indem er unter Götter Zwischenwesen und geistige Kräfte versteht, die das Übersinnliche mit dem Sinnlichen verbinden. Als Pantheisten kann man ihn nur in dem Sinne bezeichnen, daß er einen persönlichen Gott nicht behauptet, die Allgegenwart des Göttlichen in der Welt lehrt und das Universum als gotterfüllt versteht. Auch ist mit der starken Betonung des einen Göttlichen ein Pluralismus selbständiger geistiger Substanzen schwer vereinbar. Der starken Be-

tonung des Ganzen, der großen Schau des Universalen gegenüber muß alles Persönliche und Eigentümliche zurücktreten,
mag Plotin noch so sehr vom Eigenwert des geistigen Menschen überzeugt sein. Indem in Wahrheit das göttliche Eine
alles durchdringt, ist die Individualität nur ein Teil des göttlichen Weltlebens und keine selbständige Position gegenüber
der Gottheit. Von den drei großen Grundformen jeder Metaphysik: Gott, Welt und Seele, wird die persönliche Seelen-
substanz durch die Idee der Weltseele und die Überweltlich-
keit Gottes durch die Idee der göttlichen Welt in Mitleiden-
schaft gezogen. Will man aus diesem Grunde den Neuplatonismus als Pantheismus im Gegensatz zum reinlichen Theis-
mus verstehen, so muß man sich darüber klar sein, daß ein
so gearteter Pantheismus, der lehrt, daß alles dem Grund und
Wesen nach Gott und göttlich sei und der die Welt erschaut
als geistig verklärt durch das strahlende Licht der Gottheit,
von dem Pantheismus der Stoa und ihrer materialistischen
Denkweise toto coelo verschieden ist. Denn wenn auch nach
der Auffassung Plotins die Welt mit Notwendigkeit aus Gott
hervorgeht, so fällt sie doch keineswegs mit Gott zusammen.
Wohl ist die Welt göttlich, aber Gott ist nicht weltlich, sondern
er steht über aller Weltbildung und geht in die Natur nicht
ein wie die spinozistische Substanz, sondern ist übernatür-
lich und wunderbar.

Aus dem göttlichen Einen geht hervor die Welt des vernünftigen Lebens, die Welt des Geistes. Das geschieht durch
einen perennierenden Akt höchster göttlicher Bewegung.
Liegt doch das Wesen der Gottheit in einer reinen Aktualität,
geht doch alle Bewegung von ihm aus, wenn auch diese bewegende Kraft des göttlichen Prinzips mit der mühevollen
Tätigkeit sinnlicher Dinge nicht das geringste zu tun hat. Die

Bewegung der Gottheit ist ungewollt, unbeabsichtigt und mühelos. Die Welt verdankt ihren Ursprung nicht einer freien Schöpfertat, sondern das Göttliche muß sich zur Welt auswirken und die Lebensformen der Welt ausstrahlen. Die Vorstellung der Sonne, die ihr Licht ausstrahlt, ist natürlich nur eine schwache und undeutliche Analogie für den rein geistig gemeinten Prozeß. Er ist uns jedoch in bezug auf geistige Dinge nicht ganz fremd. Sagen wir doch etwa, daß das Wesen eines Menschen Liebe und Güte ausstrahlt. Der Reichtum und Überfluß, der im Wesen des Göttlichen liegt, drängt zum Überfließen als seiner Manifestation. Es gehört zum Wesen Gottes, sich an die Welt zu verschenken. Die unendliche Fülle seiner Natur verschwendet sich an die Welt, wie es ja auch Menschen gibt, deren Reichtum an geistigen Gaben zur unaufhörlichen Bereicherung und Beglückung der minder Begabten führt.

Wenn somit die Welt mit Notwendigkeit aus der Natur des höchsten Wesens sich entfaltet, so kann dieser Prozeß entweder als Emanation oder als Evolution gedacht werden. Im Prozeß der Emanation steht das absolut Wertvolle und Göttliche am Anfang, und das letzte, das aus ihm hervorgeht, ist nur noch ein schwacher Funken des leuchtenden Urprinzips. In der Evolution ist das Verhältnis umgekehrt. Hier steht am Anfang nicht das Vollendete, sondern das Unvollendete, das nach Vollendung strebt. Und so entfaltet sich aus dem dunklen, chaotischen, unbestimmten Anfang die reine Hoheit des göttlichen Prinzips. In der Emanation ist der Grund wertvoller als die Folge, in der Evolution das Gewirkte wertvoller als die Ursache.

Die Sphäre der reinen Vernunft oder des geistigen Lebens ist für Plotin die Ideenwelt. Die Ideen gelten ihm wie Platon als die ewigen Urbilder alles Seins und Werdens, welche die Einheit des Göttlichen zur Vielheit entfalten, ohne daß das Göttliche in diesem Prozeß der Emanation irgend etwas von seiner Fülle und Schönheit verliert. Das Göttliche ist unendlich reich, so kann es immer Neues hervorbringen, ohne irgend etwas zu verlieren. Der Unendlichkeit alles Göttlichen gegenüber ist die Welt der Ideen eine Welt begrenzter ewiger, unkörperlicher Gestalten. Bei Platon ist die Gottheit, das ἀγαθόν, der Ideenwelt enger verbunden. Gott ist für Platon die Idee aller Ideen, der Wert aller Werte. Sein und Substanz sind keine Bestimmungen des Guten. Es ist ein reines Sinngebilde, das den Ideen Geltung und Wert verleiht. Alle Ideen sind auf das Gute als ihren höchsten Zweck bezogen. Es ist der höchste Vernunftsinn der Welt. Zwischen den Ideen besteht ein logischer Zusammenhang, den Platon in seinen späteren Dialogen dialektisch zu entwickeln versuchte. Er hat jedoch keine höhere Sphäre für das Göttliche angenommen. Das Göttliche liegt für Platon in der Ideenwelt. Dagegen wird es von Plotin über die Sphäre der Ideen weit hinausgehoben. Die Ideen gehören der Sphäre des Geistes als dem bewußten Denken an, das Gute geht über Denken und Bewußtsein weit hinaus.

Aus der Sphäre des geistigen Lebens geht in einem weiteren Prozeß der Emanation die Weltseele hervor. Sie ist die dritte Stufe in der Entfaltung des Göttlichen zur Welt. Die Weltseele hat in ähnlicher Weise Anteil an der reinen Geisteswelt wie diese an dem göttlichen Einen. So geht der Glanz des göttlichen Urwesens in alle Dinge ein, und die ganze sichtbare Welt wird zum Spiegel der göttlichen Schönheit. Das Eine, die Vernunft und die Weltseele bilden die intelligibele Welt, der ein höheres Sein und aller wahrer Wert zukommt. Sie wird durch eigentümliche Formen und Kategorien bestimmt, die ihr höheres übersinnliches Leben gestalten. Alle Liebe und alle Sehnsucht Plotins gehören dieser wahren und ewigen Welt.

Der übersinnlichen Welt steht die Sinnenwelt gegenüber, die von ganz anderen Kategorien geformt ist und somit auch eine ganz andere Gestaltung des Seins aufweist. Wenn in der übersinnlichen Welt der Geist das transzendente Prinzip ist, so herrscht in der Sinnenwelt die Materie, die dem göttlichen Einen, der Vernunft und der Seele fremd gegenüber steht. Auf sie ist das Natürliche und Sinnliche in allen Dingen zurückzuführen. Sie ist der Grund des Bösen und aller Übel in der Welt. Plotin sucht jedoch zu zeigen, daß die Materie keine selbständige Bedeutung besitzt. Sie ist im Grunde genommen nur die Negation des wahrhaften Seins. Sie ist das Negative der Welt, was nur im Verhältnis zu einem Positiven Existenzwert besitzt und ohne dieses Positive niemals vorhanden wäre. Sie ist dasjenige, was die Schönheit des Geistes und die Kraft seiner Auswirkung trübt, schwächt und verdunkelt. Sie kann nur das Einzelne berühren, nicht aber die Bedeutung des Ganzen herabsetzen. Angewendet auf das Ganze ist sie das reine Nichts. Und so ist diese Welt im ganzen betrachtet, wenn wir auf ihr Wesen und ihre Grundprinzipien schauen, schön und vollkommen. Nur der geringe Bruchteil der irdischen Sinnenwelt muß für den geistigen Menschen häufig eine Stätte des Leidens sein, da sie der Vollkommenheit entbehrt und deshalb unsere Seele, die danach verlangt, immer wieder das unaustilgbare Heimweh nach Gott überfällt.

Die Seele nimmt in der Lehre Plotins eine eigentümliche Zwischenstellung ein. Sie soll den Übergang des Göttlichen zur Welt erklären. Sie soll verdeutlichen, wie die Sphäre der reinen Geistigkeit zur Weltlichkeit sich entäußert. In dieser Stellung erinnert sie an den platonischen Eros, der zwischen den beiden Welten vermittelt und als ein großer Dämon am Übersinnlichen und Sinnlichen Anteil hat. Andererseits verbindet sich mit ihr die Idee des principium individuationis, sofern sie der Grund für die Vielgestaltigkeit der Erscheinungen ist. Die Seele ist ursprünglich ein Prinzip der rein intelligibelen Sphäre. Ihr Schwerpunkt liegt durchaus in der übersinnlichen Welt. Sie ist zum Schauen des göttlichen Wesens geboren. Sie ist dann später durch geheime Schuld mit der trüben sinnlichen Welt verflochten. Die schöne $\psi\nu\chi\dot{\eta}$ $\tau\tilde{o}\tilde{v}$ $\pi\alpha\nu\tau\acute{o}\varsigma$ trägt ein doppeltes Antlitz. Einmal verweilt sie in rein kontemplativer Haltung beim Schauen des Ewigen und empfängt die reinen Formen der Dinge aus den Tiefen der Vernunft, aus dem Schoße der Gottheit. Andererseits bildet sie nach den Ideen die Sinnenwelt und den Körper, so wie nach Platons Timaios der $\delta\eta\mu\iota\upsilon\varrho\gamma\acute{o}\varsigma$, der weltbildende Gott die Natur gestaltet, nur mit dem Unterschiede, daß dieser über der Seele steht und die beseelte Welt nach dem Vorbild der Ideenwelt gestaltet.

Aus der Weltseele gehen die Seelen der Götter, Dämonen, Heroen und Menschen hervor. Und so hat auch die menschliche Seele Anteil an dieser Doppelheit. Einmal ist sie tätig, auf Schaffen und Wirken gerichtet und baut als innere Kraft der Natur den eigenen Leib mit seinen mannigfaltigen Organen. So gestaltet und formt sie das sinnliche Leben und ist in all unserem Tun und Handeln wirksam. Andererseits hat sie auch wieder den rein kontemplativen Charakter einer vollendeten Schau, einer ruhigen Hingabe und Aufgabe. Sie vermag das Trügerische der Sinnenwelt zu durchschauen, sich vom Körper abzulösen und das Leben zu überwinden. Sie weiß, wo ihre wahre Heimat ist. Sie erhebt sich zu Gott in leuchtender Ekstase. Schon in diesem Leben vermag sie das Göttliche in erhabener Einsamkeit zu schauen.

Wenn wir versuchen, den Prozeß der Emanation, diese große Schau Plotins, uns durch ein Bild zu verdeutlichen, so denken wir an einen römischen Brunnen, der in immer größeren Schalen das flutende Wasser empfängt. Von einem höchsten Punkte, dem göttlichen Einen aus ergießt sich der leuchtende Strahl in der Fülle des Überflusses und verbreitet sich ruhevoll wie in einem Marmorbecken zur intelligibelen Welt der Ideen. Aber das Übersinnliche muß zur Welt, und so löst sich aus dem Ideenreiche die Weltseele los, die teils nach oben gewendet den flutenden Strahl empfängt, teils nach unten gekehrt ihn weiter führt und weiter leitet in die breiten Niederungen des sinnlichen Lebens.

Die Lehre Plotins hängt auf das engste mit der ganzen großen Entwicklung des griechischen Denkens zusammen und bildet ihren würdigen historischen Abschluß. Die Vorsokratiker leben darin mit ihrer Lehre von dem göttlichen Einen. Das starke ethische Pathos des Sokrates ist in ihr zu finden. Aber alles erscheint im Lichte einer großen religiösen Vertiefung, und augenscheinlich ist seine Lehre vom Geist des platonischen Denkens am tiefsten berührt. Platon hat am stärksten auf ihn gewirkt. Das erhellt daraus, daß die wichtigsten metaphysischen Begriffe, die wir bei Plotin finden, der Lehre Platons entstammen. Der Begriff des göttlichen Einen kann seinen Ursprung, das platonische ἀγαθόν nicht verleugnen. Die intelligibele Welt ist wie bei Platon durch den Begriff der Idee konstituiert. Die Überwindung der Sinnenwelt und die Erhebung zum Übersinnlichen vollzieht sich in dem Begriff der platonischen Liebe. Die Lehre von der

Schönheit und Vollkommenheit der Welt hat im platonischen Timaios ihr großes Vorbild. Und auch die Idee der Weltseele ist nicht im stoischen Sinne gedacht, sondern von platonischem Geiste erfüllt.

Erst in zweiter Linie wird das Weltbild Plotins durch aristotelische und stoische Begriffe konstituiert. So hat der Begriff des Nus, der von Plotin als Prinzip des göttlichen Weltdenkens gemeint ist, aber dem Einen als Lebensgrund aller Dinge untergeordnet bleibt, seine entscheidende Prägung in der aristotelischen Philosophie erhalten. Die Kategorien, welche die übersinnliche und sinnliche Welt formen, sind ebenfalls aristotelischer Herkunft, und auch die Idee der verschiedenen, sich immer wieder überragenden Sphären der Welt als Stufenformen des Lebens ist vielleicht an Aristoteles orientiert. Und doch hat alles das ein ganz neues Antlitz erhalten. An dem göttlichen Einen hat das religiöse Bewußtsein einen stärkeren Anteil als an dem platonischen $\dot{\alpha}\gamma\alpha\vartheta\dot{o}\nu$, das in erster Linie als Ausdruck des ästhetischen und ethischen Wertbewußtseins sich geltend macht. Die Welt der Ideen ist mehr als bei Platon als Welt der reinen Werte herausgearbeitet, und diese Werte sind keine autonomen Urbilder und Realitäten als frei schwebende Welt der Ideale, sondern Gedanken der göttlichen Weltvernunft. Die Weltseele, die bei Platon ein einfaches Antlitz trägt, tritt uns bei Plotin in eigentümlicher Zwiegestalt, als zugehörig den beiden Welten entgegen, und der Eros, der bei Platon aus ewigem Schönheitsverlangen und sinnlicher Leidenschaft hervorgewachsen ist, erstrahlt bei Plotin sehr viel mehr in dem gedämpften Licht der reinen Gottesliebe. Und wenn somit die Begriffe Platons in der Lehre Plotins eine eigentümliche religiöse Vertiefung erfahren haben, so gilt das-

46

selbe auch für die Begriffe des Aristoteles. Aristoteles hatte in seinem Begriff des Nus zwischen der tätigen und leidenden Vernunft unterschieden. Unter der tätigen Vernunft versteht er die menschliche Gattungsvernunft, die als höchstes wirkendes Formprinzip der Welt anzusehen ist und nur noch überhöht wird durch die Idee der reinen Gottheit, die ohne jede wirkende Tätigkeit im Schauen ihres Selbst versunken ist, das reine Selbstbewußtsein, das Denken des Denkens. Von der tätigen Vernunft wird die leidende Vernunft als die eigentümliche Vernunftsanlage des Menschen unterschieden. In ihr ist unsere eigentümliche Vernünftigkeit beschlossen, aber das Gemeinsame kann aus ihr nicht hervorgehen. Dazu bedarf es der tätigen Vernunft, die das Individuelle trifft und benützt und die das Einzelleben zum gemeinsamen Leben der Kultur entfaltet. Diese drei Begriffe, die Aristoteles sorgfältig unterschieden hat: das göttliche Selbstdenken, die tätige Gattungsvernunft und die individuelle menschliche Vernunftanlage sind in Plotins Begriff des Geistes vereinigt. Der Geist ist Denken und Gedachtes zugleich, und sein Denken ist mit dem Gegenstand des Denkens identisch. In dem göttlichen νοητόν ruht die Ideenwelt, und der göttliche νοῦς gibt ihnen die Wahrheit des ewigen Seins, indem er sie durch die Kategorien formt und bildet. Die Kategorien sind die Gattungsweisen des Seins. Ihre mehr formallogische Bedeutung als Ordnungsweisen des Wirklichen, sowie ihre erkenntnistheoretische und methodologische Bedeutung als Prinzipien wissenschaftlicher Erkenntnis, die für Aristoteles sehr bedeutsam ist, tritt hinter ihrer metaphysischen Bedeutung zurück. Die Kategorien sind die Formen der übersinnlichen und sinnlichen Wirklichkeit und während das Stufenreich des Aristoteles in der Hauptsache nur ein aufsteigendes ist, so-

fern der Blick dieses großen griechischen Denkers auf die
Entfaltung des Lebens von seiner niedrigsten Stufe bis zur
Höhe des reinen Vernunftlebens gerichtet war, indem die
Materie als das Weder—noch aller Gegensätze durch immer
höhere Formen gestaltet wird, erkennen wir in dem Emanationssystem Plotins ganz deutlich die beiden Wege, in denen
der Geist und die Seele ihr Schicksal erleiden; den Weg, der
von Gott zur Welt und den Weg, der von der Welt zu Gott
führt. Indem dann Plotin zwischen den Formen der übersinnlichen und sinnlichen Welt unterscheidet, berührt er ein
Problem, das auch für die Logik und Metaphysik der Gegenwart von größter Bedeutung ist, und sein Verhältnis zu Platon und Aristoteles zeigt sich, auch rein äußerlich betrachtet,
besonders darin, daß für ihn die logischen Grundformen
Platons zu Kategorien der übersinnlichen Welt erhoben werden, während die Kategorien, die Aristoteles aufgestellt hatte,
auf die Sinnenwelt beschränkt bleiben.

Zeigt sich somit Plotin den großen Denkern des alten
Griechenlands gegenüber durchaus selbständig und originell,
wenn er auch ihre Grundbegriffe sich zu eigen macht, so bedeutet seine Lehre gegenüber der nacharistotelischen Popularphilosophie eine ungeheure Vertiefung. Sofern Plotin in
großem spekulativem Aufschwung das Bild der Welt zu ent-
werfen sucht, folgt er den vorgezeichneten Bahnen von Platon und Aristoteles. Wenn er aber eine Anweisung zum
seligen Leben geben will, so nutzt er die nacharistotelische
Popularphilosophie. So weist, wie Max Wundt im einzelnen
nachgewiesen hat, Plotins Schrift über die Vorsehung auf
eine große Literatur der spät griechischen und römischen
Popularphilosophie zurück. Panetius und Poseidonius, Cicero
und Epictet haben über dies Thema gehandelt, und die Aus-

führungen Plotins zeigen eine große Verwandtschaft und Gemeinsamkeit mit den genannten Autoren in der Behandlung und Anordnung des Stoffes. Gemeinsam ist ihnen die Frage nach der zeitlichen Entstehung oder Ewigkeit der Welt, die Polemik gegen den Materialismus, das Problem der Weltordnung, das Böse als Mittel der Erziehung, die Überlegung, daß es für den Guten nichts Böses gibt, der Vergleich der Welt mit einer gut geleiteten Stadt, der Vergleich der göttlichen Weltregierung mit der Leitung des Heeres durch den Feldherrn. Aber Plotin hat die Lehrgüter der Vergangenheit nicht einfach übernommen, sondern vertieft und umgebildet und manches, was schon erstarrt und formelhaft geworden war, zu neuem frischem Leben erweckt. Das wird besonders deutlich in der Auffassung und Deutung, die Plotin jenem berühmten Vergleich der kynisch-stoischen Schule, den Vergleich des Lebens mit einem Schauspiel gegeben hat.

Der Vergleich des Lebens mit einem Drama war schon von Platon gemacht worden. Fern jeder einseitig optimistischen oder pessimistischen Lebensanschauung hatte er die Auffassung vertreten, daß in diesem großen Trauer- und Lustspiel des Lebens Freude und Leid immer gemischt seien. In der späteren Literatur treten dann zwei Momente des Vergleiches besonders deutlich hervor: 1. Nimm dir von der Bühne die Lehre, daß die großen Unglücksfälle die Reichen und Mächtigen treffen. 2. Spiele wie die guten Schauspieler alle Rollen, welche das Glück dir zuteilt, gleich gut und höre wieder rechtzeitig auf. 3. Nimm dir aus dem Schauspiele die Lehre, daß die Rollen des Lebens wechseln. 4. Erkenne, daß der äußere Prunk nur leerer Schein ist.

Der Vergleich des Lebens mit dem Schauspiel wird auch von Plotin angewendet, aber er hebt ganz andere Vergleichs-

49

momente hervor und benutzt das Schauspiel als Symbol, um den Sinn des Lebens sehr viel tiefer zu deuten und zu erfassen. Man kann mit Wundt eine ästhetische, eine ethische und eine metaphysische Ausdeutung des Bildes unterscheiden. Die ästhetische Wendung will das Übel in der Welt durch den Hinweis auf das Drama rechtfertigen. Das Drama umfaßt in seinen Gestalten und Gestaltungen nicht nur das Schöne und Wertvolle, sondern auch das Häßliche und Minderwertige. Denn erst durch Mannigfaltigkeit und Kontrast tritt das Schöne lebendig hervor. Wir dürfen die Vorsehung nicht tadeln, weil einzelnes in der Welt nicht schön ist, „das wäre ebenso, als wenn einer ein Drama deshalb tadeln wollte, weil nicht lauter Helden darin auftreten, sondern auch Sklaven und Menschen mit bäuerlicher und häßlicher Sprache. Würde das Drama doch gerade seine Schönheit verlieren, wollte man die geringeren Charaktere herausnehmen, da auch sie zu seiner Vollendung beitragen". Auch die Kriege, welche die meisten Menschen als so schweres Unglück empfinden, sind unter dem ästhetischen Gesichtspunkte im Geist der Vorsehung nach Analogie des Dramas zu verstehen. Die Weltvernunft, die so gespalten und zerrissen scheint, ist schließlich doch einig, wie die Idee eines Dramas ein und dieselbe Idee ist, obwohl sie viele Gegensätze und Kämpfe in sich befaßt.

So begegnet uns hier so etwas wie eine ästhetische Rechtfertigung des Lebens. Die Gegensätze sind notwendig, um die Stärke und Schönheit des Lebens zu offenbaren. Das Häßliche des Daseins läßt das Große und Schöne um so wirkungsvoller hervortreten, und die Antinomien des Lebens sind in einer Vernunfteinheit beschlossen, so wie die Gegensätze des Dramas von einer gemeinsamen ästhetischen Grundidee aus getragen werden. Vielleicht kann das Leben nur ästhetisch gerechtfertigt werden, weil der ethisch-religiöse Sinn des Lebens so schwer zu fassen ist. Auf jeden Fall möchten wir meinen, daß die Antinomien des Lebens, die unser Dasein und Wesen mit entgegengesetzten Forderungen bestürmen, im Kunstwerk versöhnt sind. Das Leben trägt die Gegensätze in sich, die Philosophie weist sie auf, ohne sie lösen zu können, im Kunstwerk sind sie versöhnt. Gewiß ist die Kunstwelt „nur" die Welt des schönen Scheins. Hier wird in Einklang gesetzt, was uns im Leben als unerträglicher Gegensatz bedrückt und verwundet. Aber vielleicht sieht die Kunst das wahre Leben, während die Verstandesreflexion und das empirisch gebundene Gefühl nur die äußeren Daten und Verhältnisse, nicht aber die inneren Zusammenhänge des Lebens ergreift.

Bedeutsamer ist die ethische Wendung, die Plotin dem berühmten Gleichnis gibt. Das Leben ist nur ein Schauspiel und darf deshalb nicht allzu wichtig genommen werden. Wenn in den Kämpfen ums Dasein das eine Lebewesen durch das andere vernichtet wird, so ist doch die Seele nicht getötet, sofern sie nach der Seelenwanderungslehre sogleich wieder in einem neuen Körper auflebt. „Wie auf der Bühne der ermordete Schauspieler sich umkleidet und mit einer anderen Maske wieder auftritt, so ist auch das Sterben vielleicht nur ein Wechsel des Leibes wie dort ein Wechsel des Gewandes, oder das Ablegen des Körpers wie dort ein völliger Abgang von der Bühne." Alle Schrecknisse dieser Welt wie Mord, Krankheit und Tod, Eroberungen und Plünderungen, sollte man wie auf der Bühne nur als Szenenwechsel und Darstellung von Jammer und Wehklagen betrachten. „Denn in allen Wechselfällen des Lebens klagt nicht der innere Mensch, die Seele, sondern nur sein äußerer Schatten. Er ist es, der überall auf der großen Bühne seine Szenen aufführt." So sind die Wechselfälle des Lebens, die sichtbar vor unser Auge treten, nur Scheinbilder des wahrhaften Lebens, das von alle diesem unberührt in schweigender Tiefe ruht. Und weil das Leben, das wir erfahren, das äußere Leben, nur ein Scheinleben ist, so entspricht es der Welt des schönen Scheins, die im Schauspiel ihren höchsten Ausdruck findet.

Und schließlich erhält das Gleichnis vom Schauspiel des Lebens auch eine metaphysische Ausdeutung, in der das in der Tradition so vielfach gebrauchte Bild eine ungeahnte Vertiefung erfährt. Gott ist der Dichter des Lebens, der Mensch ist sein Schauspieler. Schicksal und Schuld, Prädestination und Willensfreiheit finden ihre Analogie in der Handlung des Dramas, indem der Dichter in seinem Text, den er niederschreibt, den einen Teil der Rollen ausdrücklich festlegt, so daß wir wissen, um was für Menschen es sich handelt. Dabei bleibt aber noch Platz für die besondere Deutung und Auffassung des Schauspielers, der je nach seinem Talent sich mit der Rolle abfindet und den der Leiter des Spiels erwählt nach Maßgabe der Kräfte, die ihm zur Verfügung stehen. Die Schauspieler erhalten ihren Platz entsprechend ihrer Natur und ihrer Rolle. So heißt es bei Plotin: „In den Dramen, welche die Menschen gemacht haben, gibt der Dichter die Worte, die Schauspieler aber haben von sich aus die gute oder schlechte Art des Spiels, denn ihre Aufgabe reicht weiter als die Worte des Dichters herzusagen. In dem wahrhaften Gedicht der Welt dagegen, dessen Teile dichterisch veranlagte Menschen nachahmen, ist die Seele die Schauspielerin, und ihre Rolle empfing sie vom Schöpfer. Wie bei uns die Schauspieler ihre Masken empfangen und ihre Kleider, die Prachtgewänder sowohl als die Lumpen, so empfängt auch die Seele ihre Schicksale nicht willkürlich, sondern ihrer Rolle gemäß. Und indem sie dieselbe sich anpaßt, ordnet sie sich harmonisch dem Drama und seinem Grundgedanken ein. Dann trägt sie ihre Taten und was sonst ihrem Charakter entspricht, als eine Art Gesang vor. Die Stimme und die mehr oder weniger schöne Gestalt des Schauspielers erhöhen entweder die Schönheit der Dichtung oder er macht mit seiner schlechten Stimme das Drama zwar nicht anders als es ist, erweist sich selbst aber als Stümper. Der Dichter des Dramas aber entläßt ihn als guter Kunstrichter mit verdientem Tadel, und während er den guten Schauspieler in ehrenvollen Rollen und womöglich noch schöneren Dramen verwendet, so den schlechten in geringeren. Auf gleiche Weise tritt die Seele in diesem Weltgeschehen auf, übernimmt eine Rolle und bringt zur Darstellung ihre gute und schlechte Anlage mit. Sie wird bei ihrem Auftreten unter die Schauspieler eingereiht, empfängt alles ohne Rücksicht auf ihre Person und ihre Leistungen und trägt endlich Ehre oder Strafe davon. Nur spielen diese Schauspieler auf einer größeren Bühne als auf einem gewöhnlichen Theater, denn der Schöpfer stellt ihnen das All zur Verfügung.

Indem dann Plotin dem Problem des freien Willens und des Bösen nachgeht, nutzt er abermals den Vergleich mit dem Drama. Es darf augenscheinlich nichts geschehen, was nicht in dem allgemeinen Willen der Weltvernunft von vornherein angelegt ist. Der freie Wille des Menschen darf nicht so aufgefaßt werden, als ob er gegen die von Gott gesetzte Ordnung irgend etwas vermöchte. Auch die Schauspieler müssen im Drama die Worte des Dichters sprechen. Sie sind an den Text gebunden. Sie dürfen nicht improvisieren. Würden sie freigewählte Worte sprechen, so hätten wir den Eindruck, daß das Drama unvollständig sei: „Die Schauspieler wären dann nicht mehr Schauspieler, sondern ein Teil des Dichters, und dieser wüßte voraus, was sie sagen werden, um imstande zu sein, das übrige im ununterbrochenen Zusammenhange damit zu verbinden."

Wie der Dichter das Werk überschaut, das er in seinen letzten Tiefen durchlebt hat und über alle seine Ausdrucksmittel und Wirkungsmöglichkeiten genau Bescheid weiß, so überschaut die göttliche Vorsehung die Welt und alle Gestalten, die berufen sind, in das Weltgeschehen einzugreifen. Der Einheit des Weltgeschehens muß sich alles fügen. Es kann nichts geben, was der Weltordnung und dem Weltgeschehen absolut feindlich gegenübersteht. Auch das Wertfeindliche ordnet sich ein dem großen Haushalt der Natur, wo jedem Wesen und jedem Ding sein eigentümlicher Platz zugewiesen ist. Wenn das Prinzip der Vorsehung gilt, kann es unmöglich etwas radikal Böses geben. Das sucht Plotin mit folgenden Worten zu begründen: „Wie kann es dem Göttlichen gegenüber noch Gottlosigkeit geben, wenn das Göttliche selbst sie hervorbringt? Das wäre doch gerade so, wie wenn ein Dichter in seinem Drama eine Person auftreten läßt, deren Rolle darin besteht, ihn selbst, den Dichter des Dramas, zu schmähen und herunterzureißen." Das Böse in der Welt wäre so etwas wie eine Selbstpersiflage Gottes.

Überall anknüpfend an die Vergangenheit, die reichen Schätze der Vorzeit hebend, sehen wir Plotin an der Arbeit, gibt er in seinen Werken den Ideen und Gestalten der Vorzeit neues Leben. Was aber auch immer sein Auge erschaut und seine zartfühlenden Hände ergreifen mögen: alles wird mit neuem Geist erfüllt und beseelt, so daß in seiner Lehre ein neuer Gott und eine neue Welt sichtbar werden.

54

Die Entwicklung der griechischen Philosophie zielte schließlich dahin, eine Verbindung herzustellen zwischen den scheinbar entgegengesetzten Begriffen des Guten und der Liebe, des ἀγαθόν und des ἔρως. Das Gute tritt uns in der platonischen Philosophie als der Wert aller Werte entgegen. Im Guten ist alle Erkenntnis begründet, die Vernunft der Welt, die Sittlichkeit und das Schöne. Das Gute ist das Göttliche und Vollendete. Von ihm dependiert die geschlossene, in sich ruhende Welt der Ideen. So ist es der höchste Ausdruck für das reine Denken, für die helle Vernünftigkeit des bewußten Geistes, für das Rationale, das die gegenständliche Welt erkennen und verstehen will. In ihm kommt die Sehnsucht nach Erkenntnis zur Ruhe, denn das Gute macht alle Erkenntnis möglich. Alle Bestimmungen der Welt gehen von ihm aus, und deshalb ist keine Bestimmung dieser Welt seinem Wesen angemessen.

Die Liebe ist nach Platons Lehre wohl göttlichen Ursprungs, aber nicht selber göttlich. Sie gehört der Welt des Dämonischen an, die zwischen dem Unsterblichen und Sterblichen steht. Sie ist in ewiger Unruhe und immer unvollendet. Sie ist Rausch, Wahnsinn und Leidenschaft und von unendlicher Sehnsucht nach dem Guten und Schönen, nach Erkenntnis und ewiger Ruhe erfüllt. Während das Gute als Prinzip der Vernunft, als Logos angesehen werden muß, ist die Liebe der Unbegreiflichkeit und Irrationalität der Welt verhaftet. Die Verbindung zwischen Logos und Eros, dieser beiden höchsten Werte des griechischen Geistes, zwischen

dem Guten und der Liebe, zwischen Vernunft und Leben herzustellen, ist auch für Plotin ein entscheidendes Problem. Die
Lösung erfolgt bei ihm durch seine eigentümliche religiöse
Deutung und Auffassung der geistigen Welt. Es gibt ein
höchstes Prinzip, das zu suchen unsere Lebensaufgabe bildet.
Wir streben zu ihm hin, um dereinst ewig mit ihm verbunden
zu sein. Alles religiöse Leben ist auf dieses Ziel gerichtet.
Unter religiösem Leben wird aber von Plotin nicht die begrenzte Form eines kirchlichen Dogmas verstanden. Überall
dort, wo menschliches Wesen zu reiner Geistigkeit gelangt,
hat es den Pfad der Ewigkeit betreten. Daraus folgt eine
große Toleranz gegenüber anderen Religionssystemen. Plotin ist gewiß wie jeder religiöse Prophet davon überzeugt,
daß seine Lehre dem Wesen des Göttlichen am meisten gerecht zu werden vermag und daß der Weg, den er verkündet,
den Vorzug verdient vor anderen Wegen. Aber er kann ruhig
zugeben, daß es noch andere gangbare Wege gibt. Was die
anderen großen Propheten gelehrt haben, war gewiß nicht
Lug oder Trug oder Verblendung und Irrtum. Man kann
höchstens sagen, daß sie das Ewige, nach dem unsere Sehnsucht verlangt, noch nicht in seiner vollkommenen Reinheit
erschauten, sondern etwas verhüllt und begrenzt durch allzu
menschliche Auffassung und Vorstellungsweise. Und der Weg
des rein religiösen Verhaltens ist auch nicht der einzige Weg,
der zu Gott führt. Jede Beschäftigung mit geistigen Dingen
hebt uns in die Sphäre des Ewigen empor. Es gibt einen Weg
zu Gott, der durch Erkenntnis führt, ein anderer ist der Weg
der Liebe und der Kunst. Überall dort, wo der Mensch dem
Ideellen zugewendet ist, hat er den Weg der Befreiung von
irdischen Banden, den Weg zu Gott betreten. Alles höhere
geistige Leben ist für Plotin im letzten Grunde religiöses

Leben. Alle Formen des vernünftigen Daseins sind gott-
geweiht. Deshalb gibt es für ihn kein feindliches Verhältnis
der Religion zur Wissenschaft, zur Kunst oder zur Erotik.
Alle diese Formen des Geistes sind von einer verwandten
Sehnsucht nach dem Göttlichen bewegt. Wer sich der Kunst,
der Liebe und der Philosophie weiht, befindet sich, ohne es zu
wissen, schon auf dem Wege zur Religion.

Was ist nun aber Gott und wie sollen wir sein Wesen verstehen? Wenn wir alles das beiseite lassen, was menschlicher
Art und menschlichen Verhältnissen nachgebildet ist, so ist
es Vollkommenheit als absoluter Wert und Sein als Grund
des Lebens, was wir mit dem höchsten Prinzip als notwendige
Eigenschaften zu verbinden pflegen. Von unserem begrenzten
Sein aus, das den Grund seines Lebens und seiner Wirklichkeit nicht in sich selber trägt, sondern durch ein anderes zum
Sein bestimmt ist, gelangen wir zur Vorstellung eines Wesens,
das der Grund seines Seins ist, und von unserer begrenzten
Leistung und Unvollkommenheit her, die in der Sehnsucht
nach dem Ideal sich äußert, kommen wir zu der Idee eines
absolut Wertvollen, eines Wertes aller Werte, dem unser
geistiges Leben sich entgegenbildet. Manche Philosophen
haben in Gott mehr den Seinsgrund, andere den Erkenntnis-
grund und Idealgrund gesehen. Die Eleaten suchten das
göttliche Prinzip durch die Idee des einen Seins deutlich zu
machen, Spinoza hat später die Gottheit durch den Begriff
der unendlichen Substanz und der ersten Ursache bestimmt.
Andere Philosophen, so vor allen Platon, haben die Idee der
Gottheit über den Begriff der Substanz, des Seins und der
Kausalität hinausgehoben und ihn als höchsten Wert und
Sinn der Welt verstanden. So wird die Gottheit in erster
Linie auch bei Plotin gefaßt. Wir wollen versuchen, seiner

Gottesauffassung nachzudenken, die zu einer der höchsten
Formen rein geistiger Religionen geführt hat.

Wir erleben und suchen das Göttliche im Gegensatz zu dem
was ist und nur als scheinbar selbstverständliche Form des
Lebens uns entgegentritt. Von dem Bewußtsein der Grenze und
des Mangels behaftet, sucht unsere Seele das Vollendete, das
allem Mangel abhilft und in dem das Bild der Idee und des
Ideals, das uns erfüllt, seinen vollendeten Ausdruck und
gleichzeitig Bestand und Wesen findet. Gott ist der Wert
aller Werte. Alle idealen Zielsetzungen und Forderungen sind
in ihm erfüllt, alles Verlangen ist in ihm gestillt. Wir dürfen
den Begriff des Seins nicht auf ihn anwenden, da er allem
Sein überlegen ist, da es etwas geben muß, das dem Sein als
Prinzip vorausgeht, da die Idee des Seins wohl eine Form
des Werthaften werden kann, aber als Sein schlechthin noch
keinen Wert repräsentiert. Gott ist nicht selber Sein, wohl
aber der Grund des Seienden, und in der Idee des Seienden
müssen wir im Sinne Plotins sogleich scheiden zwischen dem
wahren Sein und Leben, das wir als Wertleben bezeichnen
wollen und dessen Ursprung in Gott liegt, und dem falschen
Sein und Leben, dem bloßen Scheinleben, das nicht im positiven Sinne auf Gott zurückgeführt werden kann, sondern
eine Abschwächung und Beraubung des göttlichen Wesens
bedeutet, sofern dieses sich zur Welt entfaltet. Gott ist in und
über der Welt, aber nur der überweltliche Gott ist vollendet,
der Gott in uns und in der Natur, diese besondere Wirkungs-
sphäre des ewigen Prinzips ist begrenzt und getrübt durch
ein anderes, was nicht Gott ist und durch die Natur des Endlichen gefordert wird: Die Materie und das Sinnliche. Deus
implicitus ist rein und vollendet, deus explicitus ist getrübt
und unvollendet.

Zu den höchsten Werten des Lebens, als deren Grund die Gottheit angesehen werden muß, gehören Erkenntnis, Freiheit und Schönheit der Welt. Es ist leicht zu zeigen, daß diese Ideen über alle Wirklichkeit weit hinausweisen. Die absolute Erkenntnis, die wir ersehnen, kann unser endlicher Verstand nicht fassen, die Freiheit ist der Notwendigkeit des körperlichen Geschehens entgegengesetzt und die absolute Schönheit, die wir meinen, ist nie in dieser Welt zu finden. Das übersinnlich Werthafte beziehen wir auf Gott. Gott ist der Grund alles wertvollen Lebens, wie er auch der Grund des schlichten Seins ist. Wie wir nun den Begriff des Seins nicht eigentlich auf Gott anwenden dürfen, so können wir ihn auch nicht mit der Idee der Erkenntnis oder der Idee der Freiheit bestimmen, wenn auch alle diese Begriffe der Idee des Göttlichen sehr nahe stehen. Gott ist der Grund des Seins und das Prinzip aller Werte, und so folgt die Seinssphäre aus Gott und entfaltet sich zur intelligibelen Welt der Ideen. Die Welt der Vernunft oder der Ideen ist die Welt des wahrhaften Seins. Gott ist mehr als Sein. Er ist das Überwirkliche. Die Welt des Geistes ist die Welt der wahrhaften Realität. Nur das bewußte geistige Leben hat wahrhaftes Sein. Das bloß Materielle und Physikalische ist im Grunde genommen nicht wirklich. Parmenides hat recht, wenn er das wahre Sein dem Denken gleich gesetzt hat. Denken als bewußtes vernünftiges Leben ist dem Sein identisch. Das Vernünftige ist das Seiende, und das Seiende ist vernünftig. Aus der Welt der Ideen folgt dann als dritte Wesenheit das Leben dieser sinnlichen Welt, der Bereich der Weltseele.

So gibt es diese drei Wesenheiten oder Hypostasen: Gott, Geist und Seele, die zu einer Einheit verbunden sind, da sie alle als göttlich und wesenhaft bezeichnet werden müssen, die

aber ein sehr verschiedener Ausdruck der göttlichen Einheit
sind. Wir wenden unseren Blick zuerst auf die höchste Hypostase, auf die Gottheit als Grund der Welt und des Lebens.
Sie hat in der Hauptsache drei Prädikationen: Sie ist das
Erste, das Eine, das Gute. Es muß einen ersten Grund, eine
erste Ursache geben, aus der alles hervorgegangen ist. Dieser
Urgrund alles Lebens ist Gott. Gott ist die $\mathring{\alpha}\varrho\chi\acute{\eta}$, das Erste,
das Prinzip des Anfangs. Schon die alten ionischen Natur-
philosophen haben dies Prinzip aufgestellt. Sie haben es aber
rein materiell im Sinne eines Urstoffes verstanden, aus dem
die Elemente und alle Dinge hervorgegangen sind. Später
gelangte man dazu, ein vernünftiges Prinzip des Lebens den
$\nu o\nu\varsigma$ oder den $\lambda\acute{o}\gamma o\varsigma$ als Grund der Welt zu betrachten. Aber
auch die Vernünftigkeit im Sinne von Geist und Bewußtsein
ist nicht das Erste. Wir müssen hinter das Bewußtsein
zurückgehen, um den ersten Grund aller Dinge zu verstehen.
Durch dieses Erste ist alles geworden: Vernunft, Geist, Seele,
Leben und Sinnenwelt. Wenn aber alles aus dem Ersten geworden ist, so muß alles auch im Ersten ursprünglich enthalten gewesen sein. Die ganze Mannigfaltigkeit, die wir erleben, sie ist im Grund genommen noch dieses Erste, nur in
gewandelter Form. Es gibt nichts, was dem Ersten gegenüber eine vollkommene Selbständigkeit gewinnen könnte,
sowie im Gebiet des Relativen das Leben des Kindes dem
Leben der Eltern gegenüber Selbständigkeit gewinnt. Allen
liegt das eine Göttliche zugrunde oder Gott ist das Eine oder
alles ist Gott. Wir müssen allerdings hinzufügen, daß nur
das Wesenhafte den Namen des Göttlichen verdient. Gibt es
doch so etwas wie Loslösung und Trennung, wie Veräußer-
lichung und Entfernung. Nur im Zusammenhang mit seinem
Ursprung ist das Leben göttlich. Je mehr es sich von ihm

entfernt, um so mehr verliert es an Kraft und Schönheit, an Energie und Seinsgehalt, so wie die Strahlen der Sonne immer schwächer und müder werden, je mehr sie sich von ihrem leuchtenden Ursprung entfernt haben. Es gibt kein wahrhaftes Leben außerhalb des göttlichen Prinzips. Die Gottheit ist das Eine und Ewige, was gilt, das Eine, was nottut. Leben doch alle Dinge nur im Zusammenhang mit dem göttlichen Prinzip als der ewigen Quelle alles wahren Lebens. Wenn nun Gott aber auch das Erste und das Eine ist, so braucht darum die Mannigfaltigkeit der Dinge kein blasser Schein zu sein. Das absolut Eine und Identische ist Gott nur in seinem überweltlichen reinen Wesen. In bezug auf die Welt des Geistes und die Sinnenwelt ist er das Prinzip der Einheit. Was wir als Einheit unseres Wesens fühlen, ist Gott, ebenso wie jene Einheit des gesetzmäßigen Zusammen-hanges, den wir in der Natur erleben, das Schicksals-mäßige, das uns im Leben begegnet und die Fülle des Er-lebten und der Ereignisse zu einer schicksalsmäßigen Einheit zusammenschließt.

Die Welt der Mannigfaltigkeit ist für Plotin keine Welt des Scheins und der Illusion, wie sie es etwa für Schopenhauer ist. Die Welt des Geistes und die Sinnenwelt geht ja tatsäch-lich aus dem ewigen Ureinen hervor und ist nicht nur ein Spiegelbild des Bewußtseins. Nur hat das Leben, von seinem Ursprung entfernt, nicht mehr die Intensität und Kraft, die es im Moment seines Werdens und seiner Gestaltung besaß. Auch im Ewigen gibt es einen Verlust an Macht, an Wesen und Sein. Alle Dinge haben Gestalt und Dauer nur durch das wirkende göttliche Prinzip, so daß man sagen kann: Gott ist alles, weil er der Grund alles Lebens ist und weil er alles trägt, erhält und umfaßt. Er hat die Möglichkeit, allüberall zu sein, und ist doch von allen Dingen prinzipiell verschieden, da er unendlich viel mehr bedeutet als sie, und die ewige Kraft und Schönheit, die in ihm lebt, in den Dingen zu einer endlichen Kraft herabgesetzt ist. In seinem überweltlichen Wesen ist er einfach und homogen zu denken, in der Welt hat er sich zur Vielseitigkeit und Mannigfaltigkeit gebildet.

Gott in der Reinheit und Unberührtheit seines Wesens muß dort gesucht werden, wo er sich noch nicht zur Welt entfaltet hat, sondern bei sich selber in ewigem Frieden und tiefer Einsamkeit wohnt. Denn wenn auch alle Bewegung von Gott ausgeht, so ist er doch selber die absolute Ruhe. Weder in physischem noch in psychischem Sinne kann der Begriff der Bewegung auf ihn angewendet werden. Er verrichtet keine Arbeit und Leistung wie die physische Kraft. Alle praktische Tätigkeit und alles Tun ist ihm fremd. Alle Wirkung geht von ihm aus, ohne daß er selber als wirkend gedacht werden darf. Auch die Bewegung der Seele hat mit seiner Natur nichts zu schaffen. Er ist ohne Wille, Sehnsucht, Liebe und Begierde. Denn empfände er Sehnsucht und Begierde, so wäre er bedürftig und nicht vollendet.

Vor allem aber ist Gott das Gute, das ist der Wert aller Werte. Wäre die Welt ohne Sinn und Zweck und Ziel, so genügte die Bestimmung des Ersten und des Einen, um das Urprinzip der Welt zu verdeutlichen. Wenn wir aber diese Welt als eine sinnvolle und vernünftige verstehen wollen, so muß das Urprinzip auch das Gute sein. Das Gute Plotins ist nicht der höchste sittliche Wert, sondern ähnlich wie bei Platon das Vollendete, der Wert aller Werte. Während aber das Vollendete, der Inbegriff alles Wertvollen bei Platon mehr einen ethisch-ästhetischen Charakter trägt, ist es in der Philosophie Plotins rein religiös gemeint. Von dem Guten

geht alles wertvolle Leben aus. Es macht die Erkenntnis
möglich, indem es dem theoretischen Bewußtsein die ewigen
Ideen vermittelt. Ohne das Gute ist keine Erkenntnis der
Ideen möglich in ganz ähnlicher Weise, wie wir zur Erkenntnis der sinnlichen Dinge des Lichtes bedürfen. Hatte doch
Platon — Sokrates das Licht als einen Sprößling des Guten
bezeichnet. Was für die Sphäre der sinnlichen Dinge das
Licht bedeutet, das bedeutet das Gute für die Welt des Geistes.
Unser Auge ist sonnenhaft, und so vermag es mit Hilfe des
Lichtes die leuchtende Welt zu erkennen. Das Gute ist das
höhere und reinere Licht, das jene andere Welt aufleuchten
läßt, die ohne seine ewigen Strahlen dunkel und verhüllt
bliebe. Wie nun die Erkenntnis erst durch das Gute möglich
wird, so geht von ihm auch alles das aus, was wir als Gefühl
der sittlichen Freiheit in uns tragen und erleben. Die Freiheit
stammt aus der Sphäre des Ewigen und führt in die Sphäre
des Ewigen zurück. Und das Gute ist auch die Geburtsstätte
des Schönen. Das Schauen des Schönen und die religiöse
Ekstase: durch die Macht des Guten werden sie erregt. Dieser
Begriff des Guten, der die Vielheit von sich ausschließt und
reine Form aller Formen, letzter Zweck aller Zwecke ist, muß
zunächst als sehr leer und inhaltslos erscheinen. Die Abstraktion hat sich hier in einsame Höhen verirrt, wo das Verstehen aufzuhören beginnt. Die Gottesidee ist gebildet durch
eine ungeheure Negation an allem Sinnlichen und Anthro-
pomorphen, an aller Begrenztheit und Endlichkeit, an aller
Vielheit der Gestalten und Erscheinungen. In Hegels Gottesbegriff sind alle Formen des geistigen Lebens in deutlicher
und sichtbarer Form enthalten. Wir können die einzelnen
Gestalten voneinander unterscheiden, wenn auch die eine in
die andere übergeht. Hegels Gott ist der Inbegriff aller Ideen.

63

Er trägt die Fülle und den Reichtum in sich. Er lebt und webt in der Ideenwelt und ist von ihr durchdrungen. Die Gottheit Plotins ist über die Ideenwelt erhaben und von ihr geschieden. Alle Mannigfaltigkeit ist in ihr erloschen. Sie ist arm durch Fülle und leer durch Reichtum. Insofern erinnert sie an Schellings Begriff der Indifferenz, an die absolute Identität, in der alle Gegensätze aufgehoben sind, die conicidentia oppositorum, die Nacht des Absoluten. Es ist bedeutsam, daß die entgegengesetzten Begriffe des Absoluten in der Geschichte der Philosophie immer wieder hervortreten. Wenn Plotin ähnlich wie die deutsche Mystik und Schelling das göttliche Prinzip als die Einheit der Gegensätze und als das Unbestimmte denkt, so soll damit vor allem deutlich gemacht werden, daß das Ewige und Unendliche in seiner qualitativen Beschaffenheit sich der endlichen begrifflichen Erkenntnis entzieht. Nach Hegel dagegen haben wir eine absolute Erkenntnis des Absoluten, und so können wir Gott mit allen seinen Wesenseigenschaften verstehen. Nach Hegel gibt es eine Erkenntnis des göttlichen Formenreichtums, nach Plotin ein Schauen der gestaltlosen Gottheit. Bei Spinoza eine intuitive Erkenntnis des Ewigen, der absoluten Substanz und ihrer Attribute.

Das Göttliche Plotins ist scheinbar arm an Inhalt, aber diese Armut ist erwachsen aus übergroßer Fülle. Und diese Fülle, die alle Gestalten und Lebensformen ihrem letzten Wesenskern nach in sich schließt, bleibt in der Auffassung Plotins für die Gottheit bestehen, wenn sie sich auch noch so sehr an die Welt verschwendet. Ewig neues Leben blüht aus ihr hervor, so daß sie nichts verliert und einbüßt, soviel sie auch gibt, während die Gottheit Meister Eckharts im Zeichen der Armut steht, nachdem sie die Welt mit der Fülle ihrer

Formen beseelt hat. Die Gottheit Plotins gibt aus der Überfülle ihres Wesens, sie ist der Reichtum schenkender Liebe,
die mehr hat, als sie bedarf. Die Gottheit Meister Eckharts
hat sich entäußert und ihr Bestes verschenkt im göttlichen
Funken der menschlichen Seele. Deshalb ist sie auch von
Sehnsucht und Liebe zu dem ergriffen, was aus ihres eigenen
Wesens Tiefe stammt und dessen sie verlustig gegangen ist.
Wenn nun der Gottesbegriff Plotins so arm ist und
arm sein muß, weil nur wenige Bestimmungen auf ihn
anwendbar sind, die fast alle einen negativen Charakter
tragen, so läßt sich die Tiefe dieses Begriffes doch nicht ver-
kennen. In ihm kommt zum Ausdruck, wie weit die Macht
der ratio reicht und wo sie ihre endgültige Grenze findet. Plotin verkündet die große religiöse Wahrheit, daß Gott mehr ist
als alle Vernunft, daß er über alles menschliche Denken weit
hinausgeht und daß es auch keineswegs das Denken ist, was
sein innerstes Wesen ausmacht, wie es Aristoteles in seinem
Gottesbegriff verkündet hat, der Gott verstand als das reine
Selbstbewußtsein, das im Schauen seiner selbst versunken ist.
Das Göttliche ist seinem innersten Wesen nach mehr als Vernunft, Denken und Bewußtsein, und deshalb kann auch das
Denken niemals zu ihm gelangen. Der reine Inhalt Gottes geht
niemals in das Denken ein und entzieht sich allen endlichen
bedingten Begriffen. Alle Eigenschaften und Bestimmungen,
die wir aussagen können, sind vollkommen unzureichend, um
die Idee des Göttlichen verständlich zu machen. Gott ist über
alles endliche Erkennen und über alles endliche Dasein erhaben. Gott ist der Tiefe eines Abgrundes und der Weite einer
Wüste vergleichbar. Sein Wesen ist rätselhaft und uner-
forschlich. Er hat ein unerschöpfliches, ewiges und verborgenes Sein. Wir wissen von Gott nur, sofern er sich uns

offenbart, sofern uns die Begegnung und Berührung mit ihm in geistiger Innerlichkeit zuteil wird.

Das einzige, was wir von Gott aussagen können, ist dieses, daß nichts Bestimmtes von ihm ausgesagt werden kann und darf. Wenn wir etwas Bestimmtes von ihm aussagen, müssen wir auch sogleich das Gegenteil dieses Bestimmten von ihm behaupten. Die eine Bestimmung geht sogleich in die andere über. Gott zu verstehen durch entgegengesetzte, sich immer wieder aufhebende Bestimmungen, das ist der große Versuch der Hegelschen Metaphysik. Hegel versucht die Gottheit positiv zu verstehen. Alle Vernunftbestimmungen gehen in die Idee der Gottheit ein. Sie ist Sein und Nichtsein, Unendlichkeit und Endlichkeit. Sie ist dieses alles in absoluter Einheit, und das reine Denken hat die Möglichkeit, dem Vernunftzusammenhang des Ewigen nachzudenken. Nach Plotin darf die Fülle der Vernunftbestimmungen der Gottheit nicht gleich gesetzt werden. Die Welt der Ideen ist die Sphäre des Geistes. Die Gottheit geht über die Sphäre der Vernunft und des Geistes hinaus. Wir können sie nur negativ bestimmen. Wir können nicht sagen, was sie ist. Wüßten wir in diesem Sinne um Gott Bescheid, so wären alle Rätsel des Lebens gelöst. Wenn unser Denken in das Wesen Gottes hineinreichte, so könnten wir die Fernen der Vergangenheit und der Zukunft erschauen. Wir können Gott nicht begreifen, wir haben nicht die Begriffe von Gott, die Bestimmungen, die seinem Wesen adäquat sind. Sind doch alle unsere Bezeichnungen vom Endlichen hergenommen und können von Gott nur im entgegengesetzten Sinne gelten. So können wir keinen bestimmten Begriff von der Gottheit bilden, da Gott dasjenige ist, was über alle Begriffe hinausgeht. Es hat auch wenig Sinn, von der göttlichen Ursache zu sprechen, da gerade diese Ur-

sache als Ursache ihrer selbst von allen uns bekannten Ursachen verschieden ist. Von Eigenschaften Gottes kann keine
Rede sein, wenn wir unter Eigenschaften etwas Körperliches
oder Seelisches verstehen. Wir dürfen auch den Begriff der
Existenz oder des Daseins nicht auf ihn anwenden, da die
Daseinsform für uns immer mit sinnlich-anschaulichem
Wesen zusammenhängt. Wir kennen nur das räumlich-zeit-
lich bestimmte Dasein, und unsere Erkenntnis kann sich
höchstens auf geistige Wesenheiten beziehen. Die Gottheit
darf aber weder der körperlichen, noch der geistigen Wirklichkeit gleichgesetzt werden. Um Gott zu verstehen, müssen
wir zu einer visio sine comprehensione gelangen. Wir wissen
ihn, wir schauen ihn und wissen seine Eigenschaften nicht zu
nennen, sei es, weil die Fülle der Gesichte so groß ist, daß
unser Sinn den unendlichen Reichtum dieses Erlebens nicht
fassen kann oder sei es, daß das Ewige auch in diesem letzten
Begegnen der Hülle und des Vorhangs nicht entbehrt.

Unsere Erkenntnis vollzieht sich in Begriffen, und der Begriff kann nur das Begrenzte erkennen, das feste Form und
Gestalt besitzt. Gott aber ist das Grenzenlose, das Formlose,
das Gestaltlose. So ist das Erste nichts Bestimmtes, sondern
der unbestimmte Bestimmungsgrund alles Bestimmten, nicht
selber wirkend und tätig, obwohl in allen Dingen wirksam.
Das göttliche Erste ist selber nichts, weil es die Ursache von
allem ist. In dieser seiner Funktion muß es über alle Dinge
hinausgehen und vollkommen transzendent sein. Alles, was
Leben und Dasein besitzt, hat dieses Leben nur durch das
Eine. Alles Wesenhafte und Identische hat dieses sein Wesen
nur durch das göttliche Gute, in dessen Einheit die Einheit
aller Dinge begründet ist. Die Art und Weise, wie unser
Körper zu einer Einheit geordnet ist, da alle Teile durch die

67

Idee des Ganzen verbunden sind, die Harmonie und Einheit, auf der die Schönheit eines Kunstwerkes beruht, die Einheit der Seele, die wir als Harmonie und Tugend verstehen: Alle diese Einheiten nehmen ihren Ursprung in der göttlichen Einheit. Vor allem hat die Seele Anteil am Einen, von dem sie die Einheit ihrer Natur und ihres Wesens empfängt, um sie dann weiter dem Körper mitzuteilen. Nicht nur der Körper, sondern auch die Seele ist mannigfaltig gebildet, denn die Seele stellt sich dar als eine Vielheit mannigfaltiger Kräfte. Es muß ein Prinzip gedacht werden, das diese Mannigfaltigkeit zur Einheit verbindet und so dasjenige entstehen läßt, was wir als Individualität und Persönlichkeit ansprechen. Alle Kräfte der Seele wurzeln in einer Einheit und nehmen ihre Wirksamkeit von dieser ihrer inneren Einheit her. Diese Einheit ist eine relativ selbständige Position, doch nichts Letztes und Unbedingtes. Die Einheit der Seele stammt aus der göttlichen Einheit, die Einheit ist das Göttliche in ihr.

Diese Betonung der Einheit, der Natur, der Welt, der Seele, des göttlichen Lebens ist besonders bezeichnend für den rein griechischen Geist, der im Gegensatz zu dem Dualismus orientalischer Weltanschauung immer wieder aus den Tiefen des ästhetischen Bewußtseins heraus die Harmonie der Welt als göttliches Kunstwerk gelehrt hat. Hat doch selbst ein Denker wie Heraklit, der den Wechsel und Gegensatz als Wesen der Dinge verkündete, doch schließlich über allen Gegensatz hinaus die Harmonie des göttlichen Universums gelehrt, in der alle Gegensätze ihre Versöhnung finden. Der Streit und Gegensatz der Dinge zielt schließlich doch nur darauf ab, die vollkommene Harmonie der Welt zur Darstellung zu bringen.

Sein und Vernunft, das waren die Prinzipien und Begriffe,

die der griechische Geist vorzugsweise mit Gott verbunden
hatte. Nach Plotin reichen diese Bestimmungen an Gott nicht
heran. Sie dürfen dem göttlichen Einen nicht gleichgesetzt
werden. Das Seiende und die Vernunft, das sind Bestimmungen, die in erster Linie der übersinnlichen Welt geistiger
Wesenheiten gehören. Die Gottheit darf der Ideenwelt nicht
gleichgesetzt werden. Sie ist transzendent nicht nur in bezug
auf die Sinnenwelt, sondern auch in Beziehung zur Ideenwelt. Ihr Wesen ist von der Ideenwelt und dem reinen Prinzip
der Vernunft, das sie durchwaltet, durchaus verschieden. Sein
und Vernunft sind nicht jene vollkommene Einheit, die
dem göttlichen Guten innewohnt. Sie können nicht das Eine
sein, weil sie das Prinzip der Vielheit und Zwiespältigkeit in
sich tragen. Mit der Vernunft als dem Selbstbewußtsein ist
das Prinzip der Dualität gegeben: das Reflektierende und der
Gegenstand der Reflexion, das Denken und das Gedachte.
Und das Seiende kann nur als Inbegriff von Gegenständen
gedacht werden. Eher ist Plotin noch geneigt, die Idee des
Schönen mit dem Göttlichen unmittelbar zu verbinden. Auch
Platon hatte der Idee der Schönheit eine gewisse Auszeich-
nung zuteil werden lassen, und augenscheinlich vermag die
Liebe zum Schönen den Menschen zu Gott zu führen. Aber
das Schöne bezeichnet doch mehr den Ideenkosmos und das
Universum als die Gottheit selbst in ihrer schweigenden Ruhe.
Ebensowenig wie das Denken ist die Schönheit eine Bestimmung des göttlichen Wesens, obwohl alle Vernunft und alle
Schönheit in ihm begründet ist. Wollen wir uns die Natur
des göttlichen Einen verdeutlichen, so denken wir an Punkt
und Monade als Prinzipien der Mathematik. Punkt und
Monade haben Ähnlichkeit mit dem Wesen des Einen, weil
sie einfach sind und jede Teilung ausschließen, aber das Gute

ist noch einfacher als Monade und Punkt. Das Eine und Erste ist das schlechthin Unteilbare und Einfache. Der Punkt und die Monade gelten Plotin als unendlich klein und deswegen unteilbar. Sie haben eine unendlich kleine Größe. Das Erste dagegen ist ohne jede Größe, eine rein intelligibele Wesenheit, die keine Namen nennen. Als das Höchste und Beste aller möglichen Wesenheiten ist das Gute namenlos, wie auch ein großes Gefühl oder eine große Empfindung namenlos sein kann, wenn kein Wort und kein Begriff mehr imstande sind, ihre verborgene Schönheit zu verdeutlichen. Wie die Stärke und Leidenschaft meiner Empfindung mich stumm macht gegenüber dem Gegenstand meiner Liebe, so daß ich keine Worte mehr finden kann, die ihm genügen könnten, die geeignet wären, sein Wesen und mein Verhältnis zu ihm zu offenbaren, so ist auch Gott für die liebende Seele ein Übergroßes, dem keine Worte genügen. Gott ist der große Unbekannte. Ihn nennen keine Namen.

Gott ist die Einheit aller Gegensätze. Er ist das Kleinste und das Größte. Das Kleinste, sofern er ohne jede Ausdehnung gedacht wird, das Größte durch seine Macht. Er ist das Unendliche, das Grenzenlose. Er ist notwendig, weil er durch sich da ist und aus seinem Wesen sich die Welten in ruhiger Gesetzmäßigkeit entfalten, weil er das Einzige ist, was das Leben braucht, um wahrhaftes Leben zu sein. Er ist frei, weil er durch nichts bestimmt und eingeschränkt ist, ruhig, weil in ihm keine Bewegung vorhanden, die nur dem Unvollendeten eignet, selig, weil ohne Leiden. Plotin wendet sich gegen die Lehre des Aristoteles, daß Gott das reine Selbstbewußtsein sei, denn das Selbstbewußtsein ist das höchste Prinzip der Dualität, und Gott ist die absolute Einheit. Er ist kein Selbstbewußtsein, wohl aber der Grund alles selbstbewußten Denkens.

Unser Gefühl und unser Empfinden muß dahin neigen, Gott als das Schöne zu denken, dem unsere ganze große Liebe gehört. Ist doch die Liebe vor allem auf das Schöne gerichtet, und so bezeichnet Plotin wohl gelegentlich die Gottheit als die Urschönheit, als das ewige Urbild alles Schönen. Doch ist Gott keine Schönheit in dem uns geläufigen Sinne, die immer als Harmonie einer Mannigfaltigkeit verstanden sein will. Das Eine hat keine Mannigfaltigkeit in sich und ist deswegen, streng genommen auch nicht schön, wohl aber die ewige Quelle aller wahren Schönheit. Das Eine ist das Maß aller Dinge und gibt ihnen feste Form und Gestalt. Und dieses Teilhaben an Gestalt und Form macht die Schönheit der Dinge aus. Das Prinzip der maßvollen Begrenzung, auf dem die harmonischen Verhältnisse des Universums beruhen, hängt, wie die Pythagoräer richtig gesehen haben, mit dem Prinzip der Zahlen zusammen. Und so ist Gott das Prinzip der Zahlen, ohne, wie jene lehren, selber Zahl zu sein. Alle Ruhe und alle Bewegung gehen von ihm aus.

Der Begriff des Schönen steht dem göttlichen Guten nah, und so wird er von Plotin, wie auch der Begriff des Seins manchmal auf Gott angewandt. Doch findet der Begriff des Schönen mehr im symbolischen Sinne Anwendung, während das Gute eine Bestimmung des göttlichen Wesens ist. Auf den Besitz des Guten kommt alles an. In ihm ist das Ziel des Lebens und die Vollendung erreicht. Wer das Gute besitzt, ist völlig befriedigt, der Besitz des Schönen genügt nicht ganz. Mit tiefer religiöser Inbrunst schildert Plotin die Glückseligkeit des Menschen, der das Gute sich zu eigen gemacht hat. Die Wirkung des Guten ist beglückender als die Wirkung des Schönen. Das Gute ist so ruhig, so süß und voll Erquickung. Das Schöne erfüllt die Seele mit Staunen. Es bewegt die Seele und bereitet ihr gleichzeitig Freude und Schmerz, so wie das Schöne dem Liebenden oder die Tragödie dem Liebhaber der Kunst. Das Schöne und Gute stehen nicht in notwendiger Einheit, wie das frühere Griechentum gemeint hat. Ihr Unterschied kann so weit gehen, daß das Schöne uns ohne unser Wissen vom Guten entfernt, wie ein geliebtes Ding den Sohn vom Vater trennt. Nicht das Schöne ist der höchste Gegenstand unserer Begierde und Sehnsucht und das endgültige Ziel unserer Liebe. Vielmehr geht die Liebesregung auf das Gute zurück. Wenn die Seele den Einfluß des Guten empfindet, leidet sie Entzückung von der Schönheit des Geistes. Nicht die Schönheit ist der höchste Wert des Lebens, wie es nach der Philosophie Platons manchmal scheinen könnte, sondern das Gute. Nicht in der Proportion als der schönen äußeren Form, sondern in dem geistigen Leben, das sie beseelt, liegt die Liebenswürdigkeit und Schönheit eines jeden Gebildes. Liebenswürdig und schön ist das Leben aber nur dadurch, daß es die Form des Guten in sich schließt. Das Gute ist ein formloses formgebendes Prinzip, ein schöpferischer Quell, daraus Vernunft und Leben ihren Ursprung nehmen. Es ist ein Prinzip der Vereinigung, eine leuchtende Kette, an die alle Dinge gebunden sind.

Aus dem Einen geht alles hervor auf dem Wege der Emanation. Das Gute strahlt sein Leben aus in die Welt, ohne dadurch an Macht und Fülle zu verlieren. Die Gestalten des Weltlebens, die unmittelbar aus dem höchsten Prinzip hervorgehen, stehen ihm an Macht und Schönheit am nächsten. Je weiter von Gott entfernt, um so schwächer der Glanz der Dinge. Auch dieses Entferntsein kann nicht räumlich gemeint sein, da die sinnliche Raumwelt ja gar nicht die wahre Welt des Lebens bildet. Das Entferntsein ist mehr ein seelisches oder geistiges Entferntsein, wie ich es schmerzlich empfinde, wenn ich die Liebe eines Menschen verloren habe, mit dem ich lange in enger geistiger Gemeinschaft lebte.

Man hat den Emanationscharakter des plotinschen Systems bestritten und behauptet, daß es sich hier um dialektische Vermittlung und Übergang konkreter Begriffe handle wie in der Philosophie Hegels. Diese Auffassung gehört in die große Zahl jener Entstellungen und Anachronismen, die ein auf ein bestimmtes System dogmatisch eingeschworenes Denken an der Geschichte des historischen Denkens zu verüben pflegt, mag es sich nun um Kant oder Hegel handeln. So pflegen die Kantianer alles zu kantianisieren und die Hegelianer alles zu hegelianisieren, und es ist sehr zweifelhaft, ob mit einem solchen Beginnen der Wahrheit gedient ist. Gewiß offenbart sich in der Geschichte der Philosophie ein notwendiger Problemenzusammenhang, aber es ist höchst gefährlich, den Geist eines späteren Philosophen in ein früheres System hineinzulegen und dieses in seinem Sinne umzudeuten. Sicherlich ist das Spätere in dem Früheren vorgebildet. Manches von dem, was Hegel oder Kant gelehrt, findet sich schon bei Platon und Plotin. Lernt doch jeder spätere Denker von den Großen der Vergangenheit. Je selbständiger aber ein Denker ist, um so weniger kann man annehmen, daß die Ideen der früheren großen Philosophen in seinem Sinne gemeint waren. Historisch betrachtet ist es sehr viel wichtiger, auf die entscheidenden Unterschiede aufmerksam zu machen, die den einen Denker von dem anderen trennen und so das Bild ihres eigentümlichen Wesens und ihrer Lehre zu geben, als die verschiedenen Standpunkte durch Abstraktion von dem Verschiedenartigen und für diese Denker vielleicht besonders Wichtigem das Entgegengesetzte so zu nähern, daß es schließlich zusammenfällt. Das systematische Denken meint vielfach, daß es nur einen wahren Weg zum Absoluten gibt, es gibt aber viele Wege, und wir können auch nicht behaupten, daß eine bestimmte Schau und Einstellung dem Göttlichen gegenüber die einzig Mögliche sei. In jedem großen System des Denkens trägt das Absolute ein anderes Antlitz, und es ist von höchster Bedeutung, diese Wesenszüge, die den großen Denkern offenbar wurden, in ihrer Eigentümlichkeit festzuhalten, gefährlich und pietätlos aber, sie zu vermischen und zu verwischen. Das ist nicht nur ein Unrecht gegenüber dem großen Denker und seiner eigentümlichen Schau, sondern auch gegenüber der Wahrheit, die hier von einem besonderen Blickpunkt aus, in reiner Gestalt gesehen wurde. Wie ein jedes große Kunstwerk Schönheit in sich birgt, so gibt auch jedes große System das heilige Antlitz der Wahrheit wieder. Wie in der Monadenwelt Leibnizens das Ewige sich spiegelt und vorgestellt wird in den verschiedensten Formen, so geben die großen Systeme der Philosophie das Antlitz der Wahrheit in ihren wichtigsten und entscheidendsten Zügen wieder.

Und so kann auch das plotinische Emanationssystem unmöglich durch die Hegelsche Dialektik interpretiert werden, wenn auch sein konkretes Denken dem Geist des Griechentums sehr viel näher steht als der Verstandesreflexion der Aufklärung. Da, wo die Hegelsche Idee mit ihrer konkreten Unsinnlichkeit und ihrer irrationalen Rationalität den Zusammenhang des Ewigen und der Welten' kombinieren will, steht bei Plotin die irrationale Vorstellung der Emanation, die den Weg vom Übervernünftigen zum Vernünftigen, Seelischen und Sinnlichen kennzeichnen soll. Die Emanation ist nicht logisch-theoretisch, sondern religiös orientiert. Es

74

ist hier eine geistige Bewegung gemeint, die in der Ideenwelt, dem mundus intelligibilis, zum vernünftigen Denken führt, aber nicht selber als Denken der göttlichen Weltvernunft aufgefaßt werden kann. Die geistige Bewegung der Emanation schwächt sich dann ab zum seelischen und physischen Geschehen, die ihrerseits wieder eine prinzipielle Wandlung gegenüber der Bewegung des vernünftigen Denkens bedeuten. Während Hegel nur die Bewegung des vernünftigen Denkens kennt, die vom Weltgeist ausgeht und zum Weltgeist zurückkehrt und in der der Weltgeist selber lebt und sein Wesen hat, um sich mit einer Fülle von Denkformen zu bestimmen, ist für Plotin das Übervernünftige der Ausgangspunkt einer sinnvollen Bewegung, die zuerst durch die deutlich von ihm geschiedene Sphäre des geistigen oder vernünftigen Lebens führt, von der dies Eine aber seinem Wesen nach eben so sehr geschieden ist wie der mundus intelligibilis von dem mundus sensibilis. Das göttliche Eine geht in der übersinnlichen Welt ebensowenig auf, wie die Idee in der Sinnenwelt. Das Eine ist mehr als der Zusammenhang der Ideen, und die Idee ist mehr als der Zusammenhang und das Gesetz des Wirklichen.

So hat die Art und Weise, wie sich das göttliche Eine bei Plotin zur Vielheit der Dinge entäußert, wenig zu tun mit dem Weltgeist Hegels, der, indem er sein eigenes Wesen denkt, die Gestalten des Weltlebens denkend erzeugt. Plotin kommt es nicht so sehr darauf an, den mundus intelligibilis, den Zusammenhang der Ideenwelt zu konstruieren, wie es immer das Hauptproblem einer metaphysischen Logik sein wird, die darauf ausgeht, die Welt des göttlichen Denkens zu verstehen, sondern ihm kommt es vor allem auf das religiöse Problem der Weltwerdung und der Welterlösung an. Während für Hegel die Welt immer vernünftig war und unter dem Aspekt des Ewigen so bleibt wie sie ist, ist nach Plotin durch die Bewegung des Geistes etwas geworden, das unvernünftig ist und in dieser seiner Unvernunft dem Vernünftigen und Übervernünftigen entgegengesetzt, die Seele, die ihre wahre Heimat verloren hat. Plotin interessiert das Problem der Weltbildung und Weltwerdung unter dem religiösen Aspekt. Es gibt Denker, für die das Problem der Weltwerdung vollkommen aus dem Umkreis philosophischer Überlegungen ausscheidet. Für Aristoteles und Kant ist die Weltwerdung kein philosophisches Problem geworden. Sie lehren nur ein Reich der Formen, das sinnvoll die Welt bestimmt, nicht aber das Werden dieser Formen aus dem göttlichen Urprinzip. Das Problem der Weltbildung, das bei den Vorsokratikern in immer wieder neuen Formen erscheint, läßt Aristoteles fast ganz unberührt. Er lehrt den teleologischen Zusammenhang der ewigen Formen der Natur, deren Rangordnung sich bestimmt nach dem Maß und der Stärke ihrer Energie als ihres Formgehaltes. Die Sphären der Natur, die Gott am nächsten stehen, sind am stärksten geformt, haben den Stoff am meisten überwunden und die Formen der niederen Naturgebilde in sich hinaufgehoben. Zu Gott strebt alle sehnsüchtige Bewegung der Dinge, und Gott bewegt die Welt, wie der Geliebte den Liebenden bewegt. An die Stelle des göttlichen Bewegers tritt bei Kant das Reich des Sollens, der intelligibele Zweckzusammenhang, der mundus intelligibilis, dem wir als Vernunftwesen angehören, und durch die Form des Bewußtseins bilden endlicher Verstand und sinnliche Anschauung das Reich der Natur oder Erfahrung als Gegenstand der wissenschaftlichen Erkenntnis, deren Zuverlässigkeit in der Gesetzmäßigkeit des Bewußtseins ruht, das im

Transzendenten verankert ist. Unsere Erkenntnisprinzipien, Verstand und Sinnlichkeit sind übersinnlicher Herkunft und weisen auf eine verborgene Einheit hin. Dem menschlichen Geist sind sie so gegeben, daß die Anschauung ihm den Inhalt der Erfahrung darbietet, der dann vom Verstand als der Funktion der Begriffe gebildet und geformt wird. Da für unsere Erkenntnis die beiden Prinzipien antinomisch gebildet sind, so können wir zu keiner Erkenntnis der wahren Wirklichkeit, der Dinge an sich gelangen, sondern nur ihren Erscheinungscharakter verstehen.

Für Plotin ist im Gegensatz zu Aristoteles und Kant das Problem der Weltwerdung sehr bedeutsam. Das Werden und Entstehen der Welt beschäftigt seinen Geist. Es gibt Philosophen, für die der Regressusgedanke wichtiger ist als die Idee des Egressus. So wird die Sehnsucht des Mystikers wohl manchmal das Problem der Weltbildung außer acht lassen, da ihm die Welt so wenig bedeutet und seine Seele, die von Liebesdrang ergriffen ist, ihrer wahren Heimat sehnsüchtig zueilt. Der Eros, wie ihn Platon im Symposion verkündet hat, ist das Prinzip der Verbindung und Vermittelung zwischen den beiden Welten, ganz besonders aber auch das Prinzip der Rückkehr der Seele zum Göttlichen, sofern es die Erhebung zur Ideenwelt gewährleistet, und dieser Regressusgedanke ist in der plotinschen Philosophie ursprünglich sehr viel stärker betont als das Problem der Weltbildung. Erst die Alterswerke Platons setzen sich mit dieser Frage auseinander. Der Timaios lehrt als Form der Weltwerdung den Schöpfungsgedanken, allerdings nicht im absoluten Sinne. Die Welt ist nicht durch Gott aus dem Nichts geschaffen, wie das Christentum lehrt, sondern der weltbildende Gott, der dem höchsten Gott untergeordnet ist, hat diese unsere Welt nach dem Vorbild der Ideenwelt geschaffen, indem er in der Ausübung seiner Tätigkeit an sein ewiges Vorbild gebunden war. So ist er mehr ein Weltenbaumeister als ein freier Schöpfer künstlerischer Art. Der Gottheit selber, dem $\dot{\alpha}\gamma\alpha\vartheta\acute{o}\nu$, ist diese Tätigkeit nicht angemessen. Sie verharrt in seliger Ruhe. Unsere Welt ist ein Abbild der Ideenwelt in schwacher und gedämpfter Form, und doch im Hinblick auf das Ganze bedeutend und schön. Das Leben aber, was wir in dieser irdischen Welt erleben, ist weder lustvoll noch leidvoll zu nennen. Wie im Werk des großen tragischen Künstlers sind Lust und Leid immer gemischt, und es fehlt auch nicht der Humor, den die Komödie in der engen Verbindung des Ernsten und Scherzhaften offenbart.

Unter dem Einfluß der pythagoräischen Zahlenlehre hat dann Platon noch weiter den Versuch gemacht, die Welt der Ideen und der sinnlichen Wirklichkeit aus einem höchsten Prinzip, dem Guten, zu entwickeln. Als Weg erweist sich die platonische Dialektik, die darauf gerichtet ist, den Zusammenhang zwischen den Ideen herzustellen. Ursprünglich sollte sie doch nur den Zusammenhang zwischen den höchsten Begriffen erweisen, jetzt soll sie die Sinnenwelt ihrer Grundstruktur nach aus der intelligibelen Welt ableiten. Der Weg führt von dem Guten als Inbegriff aller Werte und aller Realität stufenartig zu immer niedereren Schichten von Wert und Wirklichkeit. Platon bezeichnet nunmehr die Idee des Guten als das $\ddot{\varepsilon}\nu$, die Eins, und leitet aus ihr zunächst die Zweiheit ($\delta v\acute{\alpha}\varsigma$) des $\tau\alpha\dot{v}\tau\acute{o}\nu$ und $\vartheta\acute{\alpha}\tau\varepsilon\varrho o\nu$, des Einheitlichen und Mannigfaltigen, des Maßes und des Unendlichen $\pi\acute{\varepsilon}\varrho\alpha\varsigma$ und $\ddot{\alpha}\pi\varepsilon\iota\varrho o\nu$ ab. Diese platonische Dialektik, welche die Ideen in Analogie zu den Zahlen zu entwickeln bemüht ist, hat mit der Hegelschen Begriffsdialektik, der jede Mathematisierung des Logischen fernliegt, so gut wie nichts zu schaffen. Für Platon und für Plotin, der von der platonischen Dialektik manchmal Gebrauch macht, kommt es in erster Linie darauf an, das in seiner Größe und Fülle Geschaute, das ruhige Reich der Ideen und den ewigen Rhythmus des Werdens in wissenschaftlicher Sprache zu verdeutlichen. Dabei wird jedoch nicht die Wirklichkeit im Begriff aufgelöst, wie das bei Hegel der Fall ist, sondern vielmehr umgekehrt: Zahlen und Begriffe werden als Wirklichkeiten hypostasiert. Wenn in einem Falle der Versuch gemacht wird, die Welt ihrem Wesen nach als einen Begriffszusammenhang zu verstehen und deshalb alle Wirklichkeiten in Begriffe umgesetzt werden, mögen diese nunmehr abstrakt oder konkret gedacht sein, so werden im anderen Fall Werte, Ideen und Zahlen als Realitäten von übersinnlichem Charakter oder auch von dynamisch-sinnlicher Natur verstanden und gedeutet.

Das Verhältnis von Gott und Welt, und speziell der Ursprung der Welt aus Gott hat immer wieder neue Erklärungen und Auffassungen erfahren. Nach der Auffassung des Christentums wird die Welt von Gott aus dem Nichts geschaffen. Das ist der absolute Schöpfergedanke: nichts war neben der ewigen Gottheit. Alles hat aus ihr seinen Ursprung genommen durch freie schöpferische Tat. Demgegenüber steht die Erwägung, daß das Schlechte und Unvollkommene nicht von dem göttlichen Prinzip herrühren können. Neben Gott war noch etwas anderes, das aus seinem Wesen nicht abgeleitet werden kann: der bloße Stoff, die Materie. Wie der Künstler sein Material gestaltet, so schuf Gott die Welt aus einem vorliegenden Stoff. Das Unvollkommene in der Welt ist auf die Natur dieses Stoffes zurückzuführen. Wenn in diesem Schöpfergedanken der Vergleich mit dem Künstler vorliegt, so bei

Hegel die Vorstellung eines reinen Denkprozesses. Gottes
Wesen ist im Sinne der Hegelschen Philosophie reines Denken der Vernunft. Nach der Hegelschen Metaphysik werden
die Formen des Lebens und der Welt aus Gott als eine Art
Gedankenprozeß herausgedacht. Spinoza denkt das Verhältnis von Gott und Welt in Analogie zur Mathematik. Zwischen den Formen der ewigen Natur besteht das zeitlose Verhältnis von Grund und Folge. Die Vorstellung der Zeugung
und Entwicklung der Welt aus Gott findet sich in der Gnosis
und bei Schelling. Aus dem ursprünglichen, unbestimmten
und chaotischen Prinzip entwickeln sich das bewußte göttliche Leben und die Lichtwelt des Geistes. Für Plotin ist die
Emanation charakteristisch, die weder als historischer, noch
physischer Prozeß gedacht werden darf, sondern zeitlos gemeint ist. Aus dem tiefen Lebensgrunde der Gottheit gehen
die Formen des Weltlebens, die Ideen, Seelen, Götter und
Dämonen mit Notwendigkeit hervor, um wieder dorthin zu-
rückzukehren. Dieser Vorgang ist nicht historisch gemeint.
Es handelt sich nicht darum, daß dieser Prozeß der Weltwerdung zu irgend einer Zeit begonnen hat und zu irgend
einer Zeit aufhören wird. Die Formen des Lebens sind immer
und ewig aus ihrem tiefen und unbekannten Lebensgrunde
hervorgegangen und kehren immer dorthin zurück. Die
höheren Formen neigen sich den niederen zu, die niederen
Formen streben zu den höheren empor. Der Prozeß der Weltwerdung ist aber auch nicht physikalisch, chemisch oder bio-
logisch zu denken, denn es handelt sich nicht um materielle
Kräfte und Energien, sondern um geistige Mächte. Wie sich
die Ideen des schöpferischen Menschen, aus tiefer Seele auf-
steigend, im Kunstwerk realisieren, so gewinnen die göttlichen Ideen, die der schweigenden Tiefe des Urwesens ent-

quellen, in sinnlicher Sphäre Wirklichkeit und Weltleben. Der Strom des Geistes, der aus verborgener Quelle aufsteigt, führt zur Vorstellung des Lichtes, das von einer unbekannten Lichtquelle aus Wärme und Leben durch Kälte und Dunkelheit verbreitet. Mit Notwendigkeit gehen die Formen des Weltlebens aus dem göttlichen Einen hervor. Gott muß wirken in der Natur und sich zur Welt entfalten, er mag wollen oder nicht. Das Gute und Eine ist das vollendetste und mächtigste Wesen. Zu seiner Natur gehört es, daß es nicht in sich verbleibe, denn sonst fehlte es ihm an Macht und Kraft. Es gehört zur Natur des Göttlichen, aus sich herauszugehen, sich zu entäußern und auszustrahlen und andere Wesen hervorzubringen. Indem es diese anderen Wesenheiten aus sich entläßt, büßt es nichts von seinem Charakter ein. Es bleibt das, was es war. Der Überfluß an Energie, den das Göttliche zur Hervorbringung anderer Wesenheiten verwendet, wird immer wieder von neuem durch geheime innere Machtquellen ersetzt.

Das eine göttliche Wesen ist Ursprung aller Dinge und muß so etwas wie ein höheres ideales Sein besitzen, wenn auch Plotin diesen Begriff manchmal vom Guten fernzuhalten sucht, so daß wir dann genötigt sind, das Erste als Inbegriff aller Möglichkeiten des Seins und Werdens zu denken. Wenn wir nun auch in irgend einer Weise den Begriff des Seins mit dem göttlichen Prinzip verbinden müssen, so ist doch jedenfalls sein Seincharakter verschieden von dem Wesensgehalt der Ideenwelt. Wie der Mensch als Vernunftwesen die anderen Formen des sinnlichen Daseins weit überragt, so ist in der Sphäre des Übersinnlichen das göttliche Ureine über alle anderen übersinnlichen Wesenheiten erhaben. So gibt es also nach Plotin zwei verschiedene Arten des Seins, die sinnliche Existenzform, die mit Körperlichkeit behaftet ist, und die reine übersinnliche Seinsform als geistiges Gebilde. Wie es aber verschiedene Arten in der Existenzform gibt, die Anorganische und Organische, die Unvernünftige und Vernünftige, so haben wir auch in der übersinnlichen Sphäre zwischen der intelligibelen Seinsform der Ideen, die durch das Moment des bewußten Denkens gekennzeichnet wird, und der intelligibelen Seinsform der Gottheit zu unterscheiden, die dem Bewußtsein und dem Denken transzendent ist.

Der Gottheit ist es eigen, allen Dingen gegenwärtig zu sein, geht sie doch über Zeit und Raum weit hinaus. Alles Leben ist mehr oder weniger vom Ewigen umfangen. Alle Dinge ruhen in ihr und befinden sich in strenger Abhängigkeit von dem Urquell aller Kraft. Die Sinnenwelt ist nur ein Abbild des wahren Wesens. Sie ist ein Gleichnis und Sinnbild des Ewigen. Unsere kleine Welt ragt in große geistige Zusammenhänge hinein, die überall erlebt und gefühlt werden. Das göttliche Eine ist allen Dingen gegenwärtig, ähnlich wie die unendliche Substanz Spinozas als die eine und ewige Ordnung der Natur allen Dingen gegenwärtig ist. Das Göttliche hat aber diese Doppelseitigkeit, daß es einerseits in sich beharrt, ohne sich an die Dinge zu verschenken und zu verschwenden, und andererseits kommen alle Formen und Kräfte von ihm her, so daß die Dinge in verschiedenem Maße, je nach ihrer Empfänglichkeit und Aufnahmefähigkeit, an Gott anteil nehmen. Gottes Verhältnis zu den Dingen muß aber nach Plotin so gedacht werden, dass er sich nicht an sie verteilt und dem einen Dinge mit dieser, dem anderen mit jener Potenz innewohnt, sondern er ist allen Wesenheiten und Dingen ganz gegenwärtig. Verteilung ist unmöglich, weil Teilbarkeit eine Eigenschaft des Sinnlichen und Materiellen ist. Das Immaterielle und Unkörperliche ist unteilbar. Doch schließt die Einheit der Welt in Gott die Vielheit des Seins nicht aus. Es gibt nicht nur eine Vielheit sinnlich-individueller Dinge, sondern auch eine Vielheit geistiger Wesenheiten. Die Idee des Einen verlangt mit Notwendigkeit die ἑτερότης, die Idee des Anderen. Aus dem Einen geht die Mannigfaltigkeit der Kräfte hervor. Kraft und Substanz hängen auf das engste zusammen. Die Kräfte der geistigen Welt bezeichnet Plotin mit Vorliebe als ὑπόστασις. In der Sinnenwelt befinden sich geringere Kräfte, die aus der höheren Welt stammen. Die Welt selber ist der Inbegriff aller dieser Kräfte.

An dem allgegenwärtigen Göttlichen nehmen die Dinge in verschiedener Weise teil. Die Art der Teilnahme hängt von ihrer Natur und ihrem Charakter ab. Wie manche Körper geeigneter sind, das Licht zu empfangen als andere, und sehr viel heller und durchsichtiger werden, so auch die Wesen in ihrem Verhältnis zu Gott. Die Teilnahme vollzieht sich in verschiedener Weise, je nachdem die Dinge bewegt und verwirrt oder ruhend und klar geordnet sind. Manche haben mehr und manche weniger Kraft zu empfangen und aufzunehmen. Das Geistige und Vernünftige ist in anderer Weise sich gegenwärtig, wie das Geistige dem Sinnlichen und Unvernünftigen. Die sinnlichen Ideen sind Gott in anderer Weise gegenwärtig wie der Körper der Seele oder die Seele der Gottheit. Das Gute ist in sich und in jeder Lebensform der mannigfaltigen Welt, aber in jedem Teile der Welt in verschiedenem Maße und in verschiedener Weise.

Aller Mannigfaltigkeit der Dinge, ihrem verschiedenartigen Wesen und ihrer verschiedenen Existenzform gegenüber bleibt das Gute sich immer gleich und erleidet keine Veränderung. Es existiert nicht als etwas besonderes und sin-

gulares, sondern immer als allumfassende Totalität. Gott ist
also nach Plotins Lehre immer ganz und ungeteilt da, für
jedes geistige und sinnliche Ding und besonders auch für
jeden Menschen. Aber für die Menschen ist er in verschiedenem Grade nur teilweise da, je nachdem der Mensch sein
Inneres frei macht, um Gott aufzunehmen und bei sich zu
empfangen. Gott ist jedem so nah, daß er von der Seele unmittelbar ergriffen werden kann. Um aber allen Wesen so
nah und der ganzen Welt gegenwärtig zu sein, braucht das
Eine nicht aus sich herauszugehen. Sein Gegenwärtigsein ist
unabhängig von seiner Emanation.

Aber nicht nur mit der in sich ruhenden Gottheit, sondern
auch mit der idealen Welt, die aus Gott hervorgeht, kann sich
die Seele auf das Engste verbinden. Wenn wir die geistigen
Dinge erleben, wenn wir pneumatische Menschen werden, so
gehen wir in die Welt des Geistes ein. Wenn wir das vernünftige Leben in uns stärken und bejahen, so empfangen
wir sie ganz und rückhaltlos aus der ewigen Quelle alles
geistigen Lebens.

Die unendliche ewige Natur des göttlichen Wesens bringt
durch ihre unendliche und unermüdliche Kraft eine zweite
Natur hervor, die ihr gleichzukommen sucht. Diese zweite
Natur als die Welt des geistigen Lebens bestimmt den Cha-
rakter des Universums. Die erste Natur, das rein göttliche
Wesen, teilt sich in erster Linie und unmittelbar der zweiten
Natur als der Welt des Geistes mit und durch diese hindurch
den unteren Stufen des Seins und den tiefergeordneten
Naturen.

Dem Göttlichen ist in allem dieses eigen, daß sein Unend-
lichkeitscharakter und Ewigkeitsgehalt überall gewahrt

84

bleibt. Wo wir es mit wahrer Sehnsucht ergreifen, ist es voll
und ganz da. Wer es erfaßt und erwirbt, möchte nichts
anderes mehr erwünschen und ersehnen. Himmel und Erde,
Welt und Überwelt, Geist und Seele, Sinnliches und Übersinnliches hängen vom höchsten Gotte als dem Guten ab. Sie
wenden sich ihm zu, sie erheben sich zu ihm als dem Einen,
Unendlichen, der unendlich ist durch seine Größelosigkeit.

Die Lehre vom Geist

Plotins Lehre vom Geist läßt sich verstehen als eine innige Verschmelzung und Verbindung der aristotelischen Lehre vom Nus mit der platonischen von den Ideen. Worin ist das Wesen des Geistes oder der Vernunft zu suchen? So hatte schon Aristoteles gefragt, und Plotin geht wie er seinen verborgenen Tiefen nach. Ist er doch das, was die Menschen als das Höchste empfinden, was ihnen zuteil wurde. Unter Geist verstehen wir das selbstbewußte Denken, das Wissen des Ich von allen Erscheinungsformen und Funktionen der Seele. Sein Wesen liegt in der Dualität. In diesem Sinne hatte ja schon Aristoteles zwischen einer tätigen und einer leidenden Vernunft unterschieden. Die leidende Vernunft ist die Vernunftsanlage des einzelnen Menschen, die immer individuell gebildet ist. Die tätige Vernunft ist die Gattungsvernunft, welche die individuelle Vernunftanlage gestaltet und auf der alles Gemeinsame beruht, was die Menschen im Denken und Handeln verbindet. In der Sphäre des Menschlichen ist keine Einheit zwischen dem Denken und dem Gedachten zu finden. Hier ist der Gegenstand des Denkens der Form des Bewußtseins niemals ganz angemessen. Es besteht jedoch die ideelle Forderung, daß das Denken mit seinem Gegenstand dem wahren Sein vollkommen übereinstimmt. Im wahren und ewigen Zusammenhang der Dinge ist alle Dualität überwunden.

Wenn sich Plotin in die Sphäre des reinen Geistes erhebt und verkündet, daß hier das Denken oder die Vernunft als

Funktion oder Form, als Tätigkeit im allgemeinsten Sinne mit dem Vernünftigen als dem wahren Sein und Inhalt ihrer Tätigkeit vollkommen zusammenfalle, so konnte er sich dabei auf die Lehre von zwei großen griechischen Denkern berufen: auf Parmenides und Aristoteles. Parmenides hatte die Identität des Denkens und des wahrhaften Seins verkündet. In Wahrheit gibt es nur das eine Sein, und mit diesem bewegungslosen Sein fällt das Denken zusammen. Aristoteles lehrte im verwandten Sinne, daß Gott die reine Form sei, das wahrhafte Sein, in dem alle Möglichkeit zur Wirklichkeit geworden ist. Das schauende Denken Gottes ist hier auf sein eigenes Wesen gerichtet. In ihm ist die Unangemessenheit zwischen dem Denken und seinem Gegenstande aufgehoben. Das Göttliche denkt das Göttliche, Geist ist mit Geist, reine Vernunft mit reiner Vernunft beschäftigt. So behauptet nun auch Plotin, daß in der Sphäre des Geistes das Denken sein wahrhaftes Sein gefunden habe und mit ihm vollkommen gleichartig sei. Sofern die geistige Welt die wahrhafte Wirklichkeit ist, fällt in ihr die Sphäre des Denkens mit dem übersinnlichen Sein der Ideen zusammen. Allerdings umfaßt diese Vernunftwelt des Geistes nach Plotins Lehre nicht das Höchste, sondern es gibt ein Übervernünftiges als Grund des Geistesreiches, für das die Bestimmung des Einen, des Ersten, des Guten gilt.

Während die Ideen bei Platon als freischwebende Sinngebilde gedacht werden und auf keine Substanz oder Funktion bezogen sind, wenn man von ihrem teleologischen Bezogensein auf die Idee des Guten absieht, und ihrer logischen Struktur nach keinerlei Verwandtschaft mit psychischen Denkgebilden aufweisen, sind die Ideen Plotins die Gedanken der Weltvernunft. Die Ideen sind der Vernunft immanent und haben außerhalb ihrer keinen Wesenscharakter. Sie werden in Analogie zu menschlichen Gedanken vorgestellt, die nur als Äußerungsformen der Seele Wirklichkeit haben. Sie besitzen Realität nur als Ideen des Geistes oder als Gedanken des Göttlichen. Würden die Ideen über die Vernunft als der allgemeinen Sphäre der Erkenntnis hinausgehen, so hätten wir von ihnen kein Wissen. Von den Ideen des Guten, Schönen und Gerechten wissen wir nur, sofern sie der Vernunft immanent sind. Es gibt ein absolutes untrügliches Wissen von den ewigen Ideen, ein Wissen ohne Täuschung, ohne Vergessen und ohne Beweis. Von den endlichen Dingen haben wir kein adäquates Wissen, so hat ja auch später Spinoza gelehrt, aber von den ewigen Ideen können wir ein adäquates Wissen erlangen. Dazu ist es erforderlich, daß wir uns in die Sphäre des Geistes erheben, wo das Denken mit dem wahren Sein übereinstimmt. Die ewigen Dinge täuschen nicht wie die endlichen und vergänglichen Dinge. Das Erlebnis des Endlichen können wir leicht vergessen, aber die ewigen Ideen vergessen wir nicht, wenn wir sie einmal mit reiner Seele erlebt haben. Endliche Dinge erfordern den Beweis. Wir können sie nur einsehen und uns deutlich machen, wenn unsere Reflexion ihre Existenz auf Gründe und Ursachen zurückgeführt hat. Das Ewige überzeugt uns intuitiv durch reine Schau. Ein intuitives Wissen, das über allem Zweifel erhaben ist, kann aber nur gedacht werden, wenn der unendliche Geist die Fülle der Ideen in eindeutiger Ordnung in sich trägt und umfaßt.

Die Welt des Geistes ist aber nach Plotins Meinung nicht jedem Menschen ohne weiteres zugänglich. Die derben Sinnenmenschen und alle jene, die nur das praktische Leben mit seinen Anforderungen und Erfordernissen im Auge haben, sie

bleiben von der übersinnlichen Welt des Geistes getrennt. Der
Zugang zu ihr steht nur dem geistigen Menschen offen, der
durch Verständnis für das Schöne in die reine Welt der
geistigen Dinge gelangt. Die Vernunftwelt des Geistes hat ein
höheres Sein als die Körperwelt oder die Welt der Seele. Die
Ewigkeit gehört zu ihrem Charakter. Sie hat ein höheres
Wesen und wird von Formen höheren Sinnes gebildet, den
Kategorien der übersinnlichen Welt, welche die Unterschiede
und Vielgestaltigkeit der geistigen Sphäre hervorbringen. Die
Ideen sind das Produkt eines rein geistigen Prozesses, in dem
die Weltvernunft dazu gelangt, ihre innere Tiefe zu erfassen
und zu offenbaren. In der Idee ist reines Denken und reines
Sein verbunden. Hier wird das Sein von der göttlichen Ver-
nunft so gedacht und aufbewahrt, wie es in Wahrheit ist. In
der Idee ist göttlicher Welt- und Lebensinhalt und göttliche
Form miteinander verbunden. Es gibt eine übersinnliche
Materie, die von der übersinnlichen Form durchdrungen und
erfaßt wird. In der engen Verschlungenheit von übersinnlicher Form und übersinnlicher Materie liegt das Leben des
Geistes. Alle sinnlichen Dinge sind aus Form und Materie
zusammengesetzt, so hatte schon Aristoteles gelehrt. Die
Materie ist das Unbestimmte, das Weder—noch aller Gegen-
sätze, das Indifferente, Unendliche und Potentielle. Ihr eignet
Trägheit und Unvollkommenheit. Die Form ist das Prinzip
der Begrenzung, der Bewegung, der Differenzierung. Diese
Überlegungen des Aristoteles bezogen sich jedoch in der
Hauptsache nur auf das Stufenreich der Natur. Plotin macht
dieselbe Unterscheidung auch für den mundus intelligibilis.
Es gibt ein Ewiges als übersinnliche Form und als übersinn-
licher Inhalt, einen ewigen Denkinhalt und Formen des ewigen
Denkens. Zwischen der Form und dem Inhalt des reinen

Geistes besteht jedoch ein ganz anderes Verhältnis als dasjenige, was zwischen den Formen der Sinnenwelt und ihrem
Substrat der sinnlichen Materie angenommen werden muß.
Wir können dies Verhältnis vorläufig dahin bestimmen, daß
den übersinnlichen Formen der übersinnliche Inhalt vollkommen adäquat ist, während zwischen den Formen des
Sinnlichen und ihrer Materie eine Disparatheit besteht und
daß ferner die ewigen Formen ihren Inhalt vollkommen
durchdringen, während der sinnliche Inhalt von seinen Formen nie ganz beherrscht und durchdrungen werden kann.
Alle Formen nehmen ihren Ursprung aus dem göttlichen
Einen, die Formen des Geistes unmittelbar, die Formen der
Sinnenwelt mittelbar.

Alle Form nimmt ihren Ursprung vom Geiste her, in dem
unterschieden werden muß zwischen der in sich ruhenden
Form der Idee und dem formgebenden Prinzip. Die in sich
ruhenden Formen sind die Ideen Platons, die formgebenden
Prinzipien die εἴδη des Aristoteles. Die Ideen gehören der
rein geistigen Sphäre an und sind von der Sinnenwelt getrennt, die formgebenden Prinzipien stehen in enger Verbindung mit dem sinnlichen Stoff der Materie. Der Geist lebt
nicht nur sein eigenes Leben, sondern führt auch zur Bildung der Sinnenwelt. Auch die Welt, in der wir leben, die
Welt, die wir unmittelbar tasten, fühlen und schauen, ist im
wesentlichen ein Produkt des Geistes, denn alle formbildende
Kraft und alle Gestaltung der Dinge geht vom Geiste aus.
Das Geistlose ist das Träge und Unbewegliche, was keine
Bildung und keinen Unterschied, keine Mannigfaltigkeit und
kein Leben hervorbringen kann. Es ist das Tote und Amorphe.
Alles Leben der Dinge geht vom Geiste aus.

Der Geist übermittelt die Formen an die Weltseele, die

durch Emanation aus ihm hervorgegangen ist und eine Abschwächung seines reinen Wesens bedeutet. Was im Geist Idee oder reine Form war, wird in der Seele zum λόγος, zum weltbildenden Prinzip. Die ψυχή τοῦ παντός bildet die Formen in die Welt ein, die ihrer Natur und ihrem Wesen nach nur Bilder der Ideen sind, aber doch mit der Ideenwelt und dem Ursprung des Seins in Verbindung stehen. Geist und Seele werden von Plotin streng unterschieden. Unter Geist versteht er das höhere Leben der Vernunft, das im Schauen, Denken, künstlerischer Intuition, religiösem Gefühl und schöpferischer Liebe sich entfaltet. Im Begriff der Seele schließt er die mannigfaltigen Funktionen des Lebens zusammen. Der Begriff des Geistes ist in erster Linie religiös-theoretisch orientiert. Der Begriff der Seele geht über die Vorstellung einer bloßen Lebenskraft weit hinaus, da eine Fülle von seelischen Funktionen, die schließlich zu reiner Schau gelangen, mit der Natur des Geistes zusammenhängen. Ganz allgemein kann man sagen, daß der Geist das Überpersönliche, die Seele mehr das Persönliche sei. Wenn wir das Leben der Seele leben, so leben wir unsere eigene höhere Wirklichkeit, wenn wir das Leben des Geistes leben, so leben wir das Leben Gottes.

Der Geist steht über der Seele. In ihm ist das Wertvollste aufbewahrt. Durch ihn wird das Mögliche mit Notwendigkeit zur Wirklichkeit. Der Geist ist in sich vollendet und steht höher als die Wesen, welche die Formen des Ewigen, die göttlichen Ideen in sich aufnehmen und empfangen. Vom Geist geht alle Bewegung und Gestaltung aus, denn in ihm sind die Urbilder aller Dinge vorhanden, die vollkommen sind und niemals altern. Die Seele ist ein empfangendes und leitendes Prinzip. Sie nimmt die Formen der Dinge in sich auf. Sie hat kein ursprünglich schöpferisches Wesen, sie ist mehr weiblicher Natur. So erfordert ihr Begriff mit Notwendigkeit die Idee eines Wesens, von dem alle Tätigkeit ausgeht. Die Seele gehört wohl ihrem Ursprung nach der übersinnlichen Welt an, nicht aber mit Rücksicht auf das Feld ihrer Tätigkeit. Die Seele ist das immanente Prinzip der Welt. So steht sie im Gegensatz zum Geiste, der überweltlich und ewig bleibend ist.

Ewigkeit ist die wichtigste Bestimmung des rein geistigen Seins. Die Ewigkeit darf jedoch nicht als Bewegungslosigkeit aufgefaßt werden. Sie ist nicht die Ruhe im Gegensatz zur Bewegung. Wohl aber gibt es eine Ruhe und ein Geschehen, das den geistigen Substanzen eigentümlich ist und mit Ruhe und Bewegung in der Zeit nichts zu tun hat. Die Ewigkeit nimmt nur an der Ruhe teil. Sie hat die Ruhe, die tiefe ewige Ruhe als eine Bestimmung ihres Wesens, eine Ruhe und einen Frieden, den diese Welt stürmischer und unruhiger Bewegung nicht kennt. Aber die Ewigkeit ist nicht mit der Ruhe identisch in dem Sinne, daß sie von diesem Prinzip allein und vollkommen durchdrungen ist. Die Ewigkeit kennt auch ein Geschehen, nur daß dieses Geschehen außer aller Zeit von dem irdischen Geschehen prinzipiell verschieden ist. Platon kennt ein Geschehen im Ewigen nicht: unbeweglich ruht nach seiner Lehre die Welt der Ideen. Für Plotin ist der Gedanke einer Ewigkeit, deren Hauptbestimmung an das unbewegliche Sein des Parmenides erinnert, unmöglich. Geist ist Leben auf seiner höchsten Stufe, und alles Leben ist von Bewegung ergriffen. Auch müssen wir von der Idee des Ewigen die Vorstellung fernhalten, daß seine Ruhe gleichbedeutend sei mit Beständigkeit, mit einem Dauerzustand, der immer sich gleich bleibt. Vorstellungen, die so sehr mit Sinn-

lichkeit irdischer Dinge und unserer irdischen Liebe und
Sehnsucht zusammenhängen, müssen wir aufgeben, wenn
sich die Pforten der Ewigkeit uns erschließen.

Die Ewigkeit des Geistes ist ein unendliches, in sich ruhen-
des Reich, gebildet von verschiedenen Elementen und von
einem Einheitsprinzip durchdrungen. Wir können sie mit
Plotin als die Welt des reinen Seins verstehen im Gegensatz
zur zeitlich-bedingten Welt, die wahrhaftes Sein und Leben
ausschließt. Das reine Sein wird von fünf Prinzipien oder
Formen bestimmt, die ein einziges Leben bilden. Dieses un-
leiblich geformte Sein ist nicht absolute Einheit in dem
Sinne, daß alle Verschiedenheit ausgeschlossen wäre, sondern
es handelt sich in der ewigen Geistessphäre um eine Einheit
des Mannigfaltigen. Wenn man von aller Verschiedenheit
abstrahiert, dann gelangen wir dem reinen Sein gegenüber
zum Begriff der Ewigkeit. Wir haben dann die Vorstellung,
daß mit den Grenzen im Grenzenlosen alle Formen und Gestalten getilgt sind. In Wahrheit aber wird das Reich des
Geistes aus mannigfaltigen Gestalten und Formen gebildet.

Alles, was zum reinen Sein, der Welt des Geistes gehört,
die ganzen Elemente, aus denen sich diese Welt aufbaut, denken wir uns zugleich als gegenwärtig. Alles, was der geistigen
Sphäre angehört, bildet eine unteilbare vollendete Einheit.
Es kann sich nicht auflösen und zerstört werden wie die sinnlichen Dinge, die zum Untergang bestimmt sind. Die Gestalten des wahren Seins haben dauerndes Leben. Das reine
Sein bleibt sich immer gleich und ist nicht dem Wechsel
unterworfen. Es kennt keine Vergangenheit, Gegenwart und
Zukunft nach Art der sinnlichen Dinge. Es war und bleibt
immer das, was es jetzt ist. Das Ewige ist das schlechthin
Seiende. Es hat weder Vergangenheit noch Zukunft. Es ist

die Totalität, in der alles ruht und beschlossen ist und die
doch auch innerlich bewegt ist und bewegt wird. Wie später
für Hegel steht auch für Plotin die geistige Welt der aktuellen,
wahren Unendlichkeit im Gegensatz zu dem potentiellen Charakter der endlichen Dinge, die so weit über sich hinausgehen,
bis sie nicht mehr können, bis ihnen ein Ziel gesetzt ist durch
ihren besonderen Wesenscharakter. Diese Sphäre des Geistes
kennt keine Trennung und keine räumliche Entfernung und
deswegen auch nicht Entfernung und Trennung, Weh und
Schmerz. Sie kennt keine durch die Zeit gesetzte Unterschiede des Früher und Später und deswegen auch kein Alter
und nicht die Traurigkeit, die mit ihm zusammengeht, die
Sehnsucht nach Jugend. Das Ewige bildet ein gleichartiges
homogenes Sein, wo alles in kontinuierlichem Zusammenhang sich befindet. Der ewige Grund aller Dinge war von
Plotin in dreifachem Sinne als unendlich gedacht: als das
ἀόριστον, das Unbestimmte, als das ἄποιον, das Eigenschaftslose und als das ἄπειρον, das Grenzenlose. Als das Unbestimmte war er die Indifferenz aller Gegensätze von groß und
klein, von Grenze und Unbegrenztheit, von Bewegung und
Ruhe, die coincidentia oppositorum. Als das Eigenschaftslose
schließt er die sinnlichen Qualitäten, als das Grenzenlose alle
Beschränkung seines Wesens, alle räumliche Trennung und
alle Teilbarkeit von sich aus. In der zweiten Hypostase, der
Welt des Geistes ist das Unbestimmte zu einer Fülle bestimmter Gestalten geworden, denn die Ideen haben ihr besonderes
und eigentümliches Wesen. Das Eigenschaftslose gilt jedoch
auch für diese Sphäre, sofern die geistigen Wesenheiten mit
den wechselnden Qualitäten der sinnlichen Dinge nichts zu
tun haben. Und auch die Bestimmung des Grenzenlosen gilt
für die Ideenwelt, denn die Macht des Geistes ist durch nichts

gefesselt und gebunden. Über alle Grenzen vermag es hinaus-
zudringen und erfüllt das ewige All.

Der νους das Prinzip der geistigen Welt, ist Denken, und
zwar nicht nur ein Denken der Möglichkeit nach, das sich
bald als vernünftig und bald als unvernünftig erweist, sondern ein vernünftiges und ewiges Denken, ein Denken, das
sein eigenes Wesen denkt und auch wirklich das ist, als was
es sich denkt. Das Denken und das Gedachte ist in der
Sphäre des reinen Geistes nicht zu unterscheiden. Die Substanz des Denkens ist vom Gedanken nicht verschieden. So
hatte ja auch Parmenides die Idendität von Sein und Denken
gelehrt, nur daß er noch nicht die Möglichkeit besaß, das
geistige Leben in seiner Reinheit zu fassen und mit der
Natur des Ewigen sinnlich-stoffliche Vorstellungen verband.

Indem der Geist die Ideen denkt, haben sie ihr Sein. Sie
tragen wie bei Platon den Charakter des Ideals. Sie sind Urbilder und Vorbilder aller sinnlichen Dinge. Sie sind ewig
und kennen keinen Schmerz. Sie sind unbeweglich in dem
Sinne, daß sie ihr Wesen nicht ändern, bewegt, sofern der
Strom des ewigen Lebens durch sie hindurchgeht. Sie sind
unzerstörbar, weil ihre Einfachheit keine Auflösung duldet.
Die Ideen entstehen und vergehen nicht, denn sonst wären
sie nicht notwendig. Sie sind den sinnlichen Dingen vollkommen entgegengesetzt. Sie verhalten sich wie das Unsinnliche zum Sinnlichen, wie die Einheit zur Vielheit, wie das
Allgemeine zum Besonderen, wie das Vollendete zum Unvollendeten. Dennoch besteht zwischen den Ideen und den
sinnlichen Dingen keine absolute Kluft. Die sinnlichen Dinge
haben Anteil an den Ideen. So haben etwa die schönen sinnlichen Dinge Anteil an der Idee des Schönen. Die sinnlich
schönen Dinge sind jedoch nur relativ schön, schön in dieser

oder jener Hinsicht. Sie sind niemals ganz das, was sie scheinen und zu sein vorgeben. Die Ideen sind ganz, was sie sind. Die Körper bedürfen zu ihrer Existenz einer Ursache, als Grund ihres Seins. Der Geist ist nicht durch Ursachen bestimmt. Ihm eignet Selbständigkeit und Freiheit.

Die Ideen, die das Wesen des Geistes ausmachen, müssen von den wissenschaftlichen Begriffen wohl unterschieden werden. Die Begriffe sind von den sinnlichen Dingen abstrahiert. Sie haben keine Wesenheit, sondern sind Abbilder von Abbildern. Die Ideen empfängt die Seele vom Geiste. Sie haben wahres Wesen und ungeheuere Macht. Sie ergreifen uns als die ewigen Bilder des Göttlichen. Sie sind das selber, was wir in ihnen erleben: Schönheit und Liebe und Seligkeit. Dagegen sind die wissenschaftlichen Begriffe Begriffe von sinnlicher Wirklichkeit, von etwas, was sie selber nicht sind.

Wenn nun alles wahre Leben aus dem Geiste stammt, worin ist dann, so fragt sich Plotin, der entscheidende Unterschied zwischen der intelligibelen Welt und der Sinnenwelt zu suchen. In der Welt des Geistes ist in vollkommener Einheit alles das vorhanden, was in der sichtbaren Welt als zerstreute Mannigfaltigkeit sich darbietet. Der Grund für die Unvollkommenheit der sinnlichen Dinge liegt in der Materie, er liegt in der Art ihres Werdens aus dem sinnlichen Stoff, sofern die intelligibele Form die Materie nicht gänzlich durchdringen und beherrschen kann. Was wir in der Sinnenwelt als Zeit verstehen, ist in der Geisteswelt als Ewigkeit vorhanden. Wenn hier in der irdischen Sphäre der Raum die sinnlichen Dinge bestimmt, so gibt es dort im Übersinnlichen eine Form des Seins, da eins im anderen ruht und auf das innigste mit ihm verbunden ist. Im Geist ist alles Sein und

Leben; Selbigkeit, eindeutiger Sinn und eindeutiges Wesen ist dort mit Verschiedenheit der Gestalten, Ruhe mit Bewegung verbunden. Dort in der übersinnlichen Welt ist die Sphäre des bloß Möglichen überwunden, sofern alle Möglichkeit zur Wirklichkeit geworden ist. Wieviel unausgewirkte und ungestaltete Möglichkeit liegt doch in jeder unendlichen Seele. Nur einen Teil unserer Anlagen können wir entfalten. So viele, fast unbegrenzte Möglichkeiten, die in uns ruhen, gehen unausgelebt und ungestaltet zugrunde. Und dasselbe gilt für alle anderen Formen des sinnlichen Lebens in höherem oder geringerem Maße. Doch darf man nicht meinen, daß alles, was in der Sinnenwelt existiert, auch in der idealen Welt vorhanden sei. Vielmehr ist manches, das in der Sinnenwelt sein Dasein führt, von der idealen Welt ausgeschlossen. Die Sinnenwelt kennt das Übel, das im Bösen und Häßlichen besteht, die intelligibele Welt kennt das Übel nicht. Hier ist alles rein und vollkommen. Das Übel hat seinen Grund in einem Mangel, in einer Beraubung, die auf ein Prinzip der Negation zurückgeführt werden muß, und dies Prinzip der Negation ist die Materie.

So gibt es Formen der übersinnlichen und sinnlichen Welt, und alle Formen sind ein Produkt des Geistes. Nur das Geformte und Gestaltete ist wirklich, schön und wahr. Die Form ist das herrschende Prinzip des Lebens, und allen Lebewesen kommt es darauf an, Form und Gestalt zu gewinnen. Die Natur ist ein Reich immer höherer Bildungsstufen. Doch nicht nur die Form, sondern auch die Materie ist in beiden Welten zu finden. Obwohl die geistige Welt die Welt des Vollendeten ist und scheinbar den Begriff der Materie ausschließt, müssen wir doch ein übersinnliches Substrat annehmen, denn auch die geistige Welt kennt das relativ Vielgestaltete im Verhältnis der niederen zu den höheren Geisteswesen, und auch eine Vielgestaltigkeit gibt es in der geistigen Welt, denn es besteht ein Verhältnis des Einen zum Andern.

Wir müssen annehmen, daß es viele Ideen gibt. Ist dies aber der Fall, so muß es neben dem Gemeinsamen auch etwas Eigentümliches geben, darin ihre besondere Gestalt zum Ausdruck gelangt. Wo aber von Gestalt die Rede ist, muß es auch ein Gestaltetes geben und so auch eine ὕλη als ewiges Substrat der Form. Die Materie ist das Unauflösbare, das der Geist nicht mehr trennen kann. Aus ihr wächst der Form ein besonderer Inhalt zu. Sie ist die dunkle Tiefe, der geheimnisvolle Schoß der Dinge, aus dem alle Wesenheiten emporsteigen.

Die Materien der geistigen und sinnlichen Welt sind ganz verschieden. Die Materie der geistigen Welt hat Leben, die der sinnlichen Welt ist leblos und dem Geiste fern. Jenseits und Diesseits verhalten sich durchgängig wie Vorbild und Abbild. Wie die Lebenskräfte dieser Welt als Abbilder der ewigen Ideen angesehen werden müssen, so ist auch die sinnliche Materie ein Abbild der übersinnlichen. Diese übersinnliche Materie hat keinen Anfang in der Zeit, sondern besteht ewig. Wenn das Wesen der Ideen vor allem mit der Selbigkeit, dem ταυτότης zusammenhängt, so die Natur der Materie mit dem ἑτερότης, dem Anderssein, einem Prinzip, in welchem alle Bewegung und deshalb auch die Natur der Materie begründet ist.

Plotin hat zu wiederholten Malen das Verhältnis des Geistes zum höchsten Prinzip, zum Guten zu deuten versucht. Zur Sphäre des Geistes gehört auch die Idee des Guten, aber der gute Geist ist noch nicht das absolut Gute. Der Geist lebt in der Schau der Wesenheiten, welche die Form des Guten haben. Muß doch die Vollendung und somit das Gute als die allgemeinste Form sämtlicher Ideen aufgefaßt werden. Der Geist hat das Gute so empfangen, wie es seiner Natur entsprach und die Ideen durch die Betrachtung des Guten erzeugt. Er hat die geistige Welt nach dem Ideal des Guten gebildet: vom Guten hat der Geist die Kraft der Erzeugung erhalten und die Fähigkeit, sich mit dem zu erfüllen, was er erzeugt hat. Aber der Geist hat nicht die Kraft, das göttliche Urbild in seiner absoluten Einheit aufzunehmen und zu bewahren. Das eine Gute wird für ihn und durch ihn zu einer Mannigfaltigkeit des Guten. Alle Ideen des Geistes haben das Gute als ihre Form gemeinsam. Allen Reichtum und alle Schönheit hat der Geist durch die Betrachtung des Guten gewonnen. Er selber hat seinen Ursprung aus dem Guten genommen und strebt in seiner Schau nach dem Guten zurück. Diese seine Bewegung zum Guten hin hat ihm Fülle und Kraft verliehen.

Der Geist war ursprünglich unbestimmt wie das Gute selbst und hat seine Bestimmtheit erst durch das Schauen des Guten gewonnen. Der eine allgemeine Geist entäußert sich zur Vielheit des Geistes. Am Anfang der Hierarchie des Geistes steht aber ihr Prinzip, die Form aller Formen, das Gute. Für die Ideen und Wesenheiten des Geistes ist das Gute nur ein Name, da in Wahrheit nur das Erste, Eine das Gute ist.

So sucht Plotin jene Welt zu verdeutlichen, die unmittelbar aus Gott hervorgeht, indem er sie mit den höchsten Bestimmungen idealer Wesenheiten begabt. Gott gegenüber ist die Sphäre des Geistes schon eine Abschwächung, weil alle Bestimmtheit und Mannigfaltigkeit ein Verrat an der heiligen Unbestimmtheit und Reinheit des göttlichen Urgrundes ist.

Es bleibt der geheime Gedanke bestehen, daß alle Lösung und Trennung vom Ureinen einen Verlust für das Losgelöste und Getrennte bedeutet, daß höchste Seligkeit nur im innigsten Zusammenhang mit dem All und Nichts der Welt gefunden werden kann. Das ἄπειρον Anaximanders und der Sphairos des Empedokles leben in Plotins Auffassung vom göttlichen Urgrunde aller Dinge in mystischer Vertiefung weiter. Das religiöse Bewußtsein in seiner äußersten Konsequenz ist geneigt, nicht nur die Sinnenwelt, sondern auch die Geisteswelt aufzuheben und zu verneinen. Das Höchste und Letzte ist die Negation an aller Vielheit und aller Bestimmtheit. Nur Gott soll sein, aber keine Welt. Unter dem rein religiösen Gesichtspunkt fehlt Plotin die Liebe zum Universum und die Vorstellung, daß das Göttliche, seiner Einsamkeit unfroh, sich in den mannigfaltigen Gestalten des Weltlebens spiegelt und wiederfindet. Das hängt damit zusammen, daß der Schöpfergedanke ihm fremd ist. Nach der christlichen Vorstellung wird Gott in Analogie zum Künstler als der große schöpferische Geist gedacht, der das Universum als Kunstwerk aus dem Nichts gebildet hat und der sich der Herrlichkeit seiner Werke freut. Er hat seine Einsamkeit aufgegeben und lebt in Liebesgemeinschaft mit der himmlischen Welt. Die Sinnenwelt wird als vorübergehende Trübung des göttlichen Kunstwerkes aufgefaßt, die durch die Schuld des Endlichen veranlaßt ist. Nach Plotin ist die Welt des Geistes nicht das Produkt einer freien Liebestat, sondern ebenso wie die Sinnenwelt durch eine ungewollte Notwendigkeit aus Gott geworden. Sie stammt aus seiner unbewußten Machtfülle, die sich wirkend betätigen muß, das seinem Wesen Ebenbürtige aber nicht hervorbringen kann.

Dieser Vorstellungsweise, die aus den Tiefen des religiösen

Bewußtseins quillt und Hingabe und Aufgabe von Ich und Welt im göttlichen Einen ersehnt, steht jedoch in der Auffassung Plotins ein anderes gegenüber, das seine Herkunft von Erkenntnisliebe und Gestaltung des Schönen hat: die echt griechische Sehnsucht des Geistes nach Gestalt und Form. Ist doch alle Erkenntnissehnsucht darauf gerichtet, daß das Unbestimmte bestimmt und deutlich werde, gehört doch die ästhetische Liebe der Form und der schönen Gestalt. Unter diesem Gesichtspunkt ist das Hervorheben der geistigen Lichtwelt aus dem ruhigen Lichtquell alles Lebens eine wundervolle Offenbarung der göttlichen Schönheit, und Plotin wird nicht müde, ihre Erhabenheit gegenüber der trüben Sinnenwelt zu preisen. Dort ist jene wundervolle Einheit vorhanden, welche die von Gegensätzen durchfurchte Welt des irdischen Lebens nicht kennt. Seligkeit findet sich dort und die hohe Bewegung des geistigen Lebens, die Schau des Ewigen und Göttlichen. Alle schmerzliche Sehnsucht ist dort überwunden, wo der Geist den Geist unmittelbar berührt. Die schönheitsuchende Seele und die Erkenntnisliebe sind ein für alle Mal dem Reiche des Geistes zugewandt.

Anders steht es mit jener getrübten Welt, die nur ein Abbild der Geisteswelt ist und deren Los Vergänglichkeit ist. Sie trägt eine Schuld dem Göttlichen gegenüber, weil hier das einzelne sich von seinem Lebensgrunde entfernt hat und als Strafe dafür in niedere Leibeshülle gebannt wurde. Aber auch diese Sinnenwelt ist keine gottverlassene, geistentfremdete Welt, zum mindesten ist sie es nicht in all und jeder Beziehung. Das Leben des Einzelnen kann an der Geisteswelt Anteil haben und sich zu seiner wahren Heimat erheben, und das Ganze der Welt wird von einem Prinzip durchwaltet, das seinen Ursprung von der intelligibelen Welt herleitet und diese Sinnenwelt mit Ordnung und Schönheit begabt, die besonders in der Bewegung der himmlischen Gestirne einen harmonischen Ausdruck findet. Aber auch unsere Welt unter dem Monde ist von jenem Prinzip durchdrungen, das alles mit Leben erfüllt und gestaltet und den Zusammenhang der Dinge in ihrer inneren Gesetzmäßigkeit herstellt. Dies die Sinnenwelt durchwaltende Prinzip bezeichnet Plotin als die Weltseele.

Aus dem Geiste geht die Weltseele hervor und ist in ihm als ihrem Prinzip begründet. Die Weltseele ist ein einheitliches Gebilde. Sie ist als dritte Hypostase das Prinzip der immanenten Welt. Sie ist der Grund von alle dem, was wir Seele und Leben nennen. Alles sinnliche und irdische Dasein dependiert von der Weltseele. Sie ist aber nicht nur ein Prinzip der Diesseitigkeit, sie ist auch gleichzeitig ein Prinzip des Überganges vom Übersinnlichen zum Sinnlichen. Deshalb hat Zeller eine doppelte Weltseele bei Plotin unterschieden: das rein Immanente der Weltgestaltung und das gleichsam transzendierende Prinzip des Überganges und der Vermittelung. Besser unterscheiden wir wohl eine Doppelheit in der Weltseele: sie ist kontemplativ als Prinzip der Vermittelung und tätig als Prinzip der immanenten Weltgestaltung. Sie hat ein doppeltes Antlitz. Das eine ist nach oben gewendet, mit Liebe und Verehrung dem Göttlichen zugeneigt, das andere wendet sich der Natur und der Materie zu. In ihrem Gott zugewandten Teil ist die Weltseele rein kontemplativ gerichtet, ein Abbild des Geistes und von Liebe und Sehnsucht nach ihrem erhabenen Vorbild ergriffen. Der andere Teil der Weltseele ist bildende Tätigkeit und Kraft der Natur. Die kontemplative Seele empfängt die Ideen vom Geiste und trägt und bildet sie in sich, so daß, was im Geiste vorhanden ist, in abgeschwächter Form auch in der Seele wohnt. Die tätige Seele nutzt die Ideen als Kräfte, mit denen sie die sinnliche Natur gestaltet. So verbindet die schöne

ψυχή τοῦ παντός das Leben und die Idee mit der Sinnlichkeit.
Sie ist das Prinzip, das die Welt ordnet und als Grund ihrer
Schönheit und Zweckmäßigkeit angesehen werden muß. Die
Schönheit der Natur geht auf die Seele zurück, denn die
Schönheit ist nichts anderes als der Geist, der die sinnliche
Materie durchleuchtet.

Aus der einen Weltseele, die alles durchdringt, geht die
Fülle der seelischen Kräfte hervor, die Seelen der Götter,
Dämonen, Menschen, Tiere und Pflanzen, diese ungeheure
Zahl von Einzelseelen. Die Weltseele löst sich aber nicht in
diese Einzelseelen auf, sondern bleibt in Wahrheit ungeteilt.
Die vielen Seelen existieren in der Weltseele, und zwar nicht
nur als Möglichkeit, sondern in Wahrheit und Wirklichkeit.
Der Gedanke von der Einheit der Seelen ist dem von der
Vielheit nicht absolut entgegengesetzt. Die Seelen sind ein-
ander gegenwärtig und doch auch wieder fern, sie sind
getrennt und doch vereinigt. Die eine unendliche Seele
schließt alle Seelen in sich ein. Wie der Raum der Ort der
Körper, so ist die Weltseele der Ort der Seelen.

Die Weltseele verhält sich zum Universum in ähnlicher
Weise, wie sich die Einzelseele zum einzelnen Körper verhält.
Wie ein Ton die Luft durchdringt und alles, was Ton-
empfänglichkeit besitzt, an seinem Klang Anteil hat, so
durchdringt die Weltseele das ganze Universum, ohne sich an
die Dinge zu verteilen. Sie ist das Band, das die unendliche
Fülle der Einzelseelen miteinander verbindet und wechsel-
seitige Beziehungen zwischen ihnen hervorruft, was Sympathie, Liebe und Zusammengehörigkeitsgefühl zwischen
ihnen entstehen läßt. Äußerlich betrachtet, stehen sich Körper bzw. inkorporierte Wesen im Raume gegenüber, innerlich geschaut handelt es sich um die mannigfaltigen Be-

ziehungen der Seelen zueinander im Ganzen der Weltseele, die als Fluidum alles durchdringt. Im Verhältnis zu den Körpern bleibt die Seele stets in ihrer Innerlichkeit. Der Körper nähert sich der Seele, empfängt von ihr das Leben und bewahrt es schweigend. Nicht tritt die Seele in den Körper ein, wie es äußerlich betrachtet, erscheinen könnte, sondern der Körper geht ein in die Welt des Lebens, die von der Seele beherrscht wird.

Mit allen großen Religionsstiftern vertritt Plotin die Lehre, daß wir ursprünglich einer höheren Welt angehörten, und daß das Leben in dieser Sinnenwelt nur etwas Vorübergehendes für uns sein kann. Ursprünglich, vor unserer Geburt, gehörten wir der geistigen Welt an. Dort in jener Welt gab es ideale Menschen, Götter, reine Seelen und reine Geister, die mit dem ewigen Sein auf das innigste verbunden waren. Diese unsere wahre Heimat haben wir verloren und eingebüßt. Auch jetzt sind wir noch nicht ganz von jener Welt geschieden, wenn auch zu dem idealen Menschen, dem Menschen, wie er eigentlich sein sollte und vom Göttlichen gedacht war, ein anderer Mensch hinzugetreten ist. Durch die Seele ist das lebende Wesen mit der geistigen Welt verbunden. Sie schlägt die Brücke in unserer Väter Land. Durch die Seele ist der Weg zum Geiste gegeben, und der Geist hat die Kraft, uns mit unserem göttlichen Ursprung wieder zu vereinigen.

Wie ist nun nach Plotin das Verhältnis von Seele und Körper zu denken und welche Funktionen schreibt er ihnen zu? Im einzelnen Menschen ist die Seele der Sitz der Vernunft, der Körper der Sitz der Leidenschaften und Affekte. Diese Auffassung war im wesentlichen schon von der Stoa vertreten worden und hat sich bis Spinoza hin erhalten. Bei der

Verschiedenheit der seelischen und körperlichen Kräfte ist
die Möglichkeit gegeben, daß entweder die Seele über den
Körper oder der Körper über die Seele triumphiert. Das wird
in der Regel zu einem Kampf zwischen Körper und Seele
führen, so daß bald der Körper über die Seele, bald die Seele
über den Körper herrscht. Die Leidenschaften sind für Plotin
im allgemeinen ein gefährliches und böses Prinzip. Wer sich
den Leidenschaften und Begierden hingibt, wird vom Bösen
regiert, nur wer das Seelische in sich bewahrt und stärkt
und zum Leben des Geistes sich erhebt, wird von der Idee des
Guten ergriffen. Auch der geistige Mensch ist vom Körper
nicht vollkommen unabhängig und muß ihm gewisse Zu-
geständnisse machen, aber er betrachtet ihn als etwas Frem-
des und Fernes. All unser Bestreben soll darauf gerichtet sein,
das Leben des Geistes zu leben. Wer bald dem Geiste, bald dem
Körper lebt, ist aus Gutem und Bösem gemischt. An die Grenze
der geistigen und sinnlichen Welt gestellt, tritt die Seele mit
dem Körper in Gemeinschaft. Ihr ist aber die sittliche Aufgabe zugefallen, die Verbindung mit dem Körper zu lösen.

Plotin ist ein beredter Anwalt der Unsterblichkeitsidee.
Wie die Weltseele, so ist auch die Einzelseele ewig. Von jeder
Seele findet sich eine Idee in der idealen Welt. Dort ist sie so,
wie sie von Gott gemeint war. Was uns zu dieser besonderen
Individualität und Persönlichkeit macht, gerade das ist im
Ewigen verankert. Das Eigentümliche jeder Individualität
ist durch eine Idee bedingt. Zwischen Idee und Individualität
steht der Logos der Einzelseele, der ihr sinnlich-geistiges
Wesen verwirklicht. So viele eigentümliche Individualitäten
von Menschen in der Sinnenwelt, so viel Logoi in der Weltseele, so viele Ideen im Geiste. Doch ist die Zahl der Logoi
darum nicht unendlich, denn Plotin bekennt sich zur Lehre

von der Seelenwanderung und von der Wiederkehr der Dinge. Es werden nicht immer wieder neue Geschöpfe erzeugt. Vielmehr gibt es eine begrenzte Zahl von Logoi, die wechselnde Schicksale erleben, und so wird nach Ablauf bestimmter Perioden dieselbe Reihe von Geschöpfen wieder von neuem erzeugt. In derselben Periode gleicht kein Wesen dem anderen, vielmehr bringen die Logoi ganz verschiedenartige Wesen hervor, aber in den Jahrtausenden, im Verlauf der wechselnden Kulturepochen kehren dieselben Wesen wieder. In derselben Kulturepoche ist kein Wesen dem anderen gleich. Beruht doch die Unendlichkeit des Geistes und der Seele darauf, immer wieder von neuem beginnen zu können. Die Erzeugung der individuellen Dinge und Gestalten geschieht aber in der Weise, daß der Geist durch die Seele der Materie die Logoi vermittelt.

Mit dem Begriff der Weltseele hängt die Zeit zusammen. Die Zeit ist das Medium, darin sich die Weltseele betätigt. Die Weltseele, die über der Zeit steht, bringt die Dinge in der Zeit hervor. Was ist nun aber die Zeit? Um ihr Wesen zu verstehen, müssen wir sie mit dem Begriff der Ewigkeit vergleichen. Die Ewigkeit ist immer gewesen. Sie war, als es noch keine Zeit und kein Früher und Später gab. Die Zeit war ursprünglich nicht mit dem Sein verbunden und kann auch nicht als Funktion der geistigen Welt angesehen werden. Sie ist weder eine Funktion des göttlichen Einen, noch des Geistes, noch der Weltseele, sofern sie in reiner Schau den Ideen zugewendet ist. Das Gebilde der Zeit hängt vielmehr mit der tätigen Natur der Weltseele zusammen. Die tätige Weltseele wollte Herrin ihrer selbst werden. Als sie sich der bildenden Tätigkeit und Bewegung zuwandte, da wurde auch die Zeit, die früher nicht gewesen war. Die Zeit ist somit ein Gewordenes und als Gewordenes etwas Vergängliches. Das Prinzip der Vergänglichkeit, die Zeit, ist selber vergänglich. Seitdem es Zeit gibt, gibt es ein Früher und Später und ein Nacheinander von Momenten. Indem wir sie durchlaufen, kommen wir zur Vorstellung der Zeit, die ein Abbild der Ewigkeit ist, in dem sie das in einem Nacheinander uns sehen läßt, was in Wahrheit ewig zugleich ist. So ist es die Weltseele, die durch ihre Aktivität an Stelle der Ewigkeit die Zeit erzeugte. Die Weltseele umfaßt in der Zeit die ganze Bewegung der Welt. Somit erzeugt die Weltseele die Zeit, indem sie ihre in sich ruhende und geschlossene Kraft in einer Aufeinanderfolge offenbart. Die Ausdehnung des Lebens der Seele bringt die Zeit hervor. Das fortschreitende Leben ist die Dauer der Zeit, das frühere Leben die Vergangenheit. Somit läßt sich die Zeit bestimmen als das Leben der Seele, betrachtet in der Bewegung, durch welche sie von einem Akt zum anderen übergeht. Die Zeit ist ein Abbild der Ewigkeit genau in derselben Weise, wie die Sinnenwelt ein Abbild der geistigen Welt ist und wie das irdische Leben dem himmlischen Leben entspricht. Die Zeit hat keinen Bestand außerhalb der Seele, ebensowenig wie die Ewigkeit außerhalb der geistigen Welt Wesen und Bestand hat. Die Zeit erscheint in der Seele. Sie ist in ihr und mit ihr, wie die Ewigkeit in und mit dem Sein ist. Hört die Wirksamkeit der Seele auf, so bleibt nur noch die Ewigkeit. Von der $\psi v \chi \acute{\eta} \tau o \tilde{v} \pi a v \tau \acute{o} \varsigma$ geht die geheimnisvolle Sympathie aus, die alle Teile des Universums zu einem Ganzen verbindet. Die Lehre von der Weltseele soll uns deutlich machen, daß alles in der Natur Leben ist und auch das scheinbar Unbeseelte noch von Leben erfüllt wird.

Der Weltseele als dem tätigen, formenden Prinzip, das die Zeit entstehen läßt, steht gegenüber die bloße, blasse Materie.

Wir haben hier nur noch von der sinnlichen Materie zu sprechen. Die unsinnliche Materie gehört ja, wie wir gesehen haben, dem Reich des Geistes an. Die Materie ist das Form- und Gestaltlose, das Grenzenlose, das ἄπειρον. Als das Grenzenlose und Unendliche ist sie ein Abbild der geistigen Welt, der ja gleichfalls, wenn auch in einem ganz anderen Sinne das Prädikat des Unendlichen zukommt. Der schlechten Unendlichkeit der sinnlichen Materie steht die wahre Unendlichkeit des geistigen Lebens gegenüber. Die Materie hat keine Größe, sondern alles Maß und alle Größe kommt zu ihr durch die Form. Sie hat auch keine Eigenschaften, sondern ist gänzlich qualitätslos. Sie ist so unbestimmt, wie das höchste göttliche Prinzip, das Gute unbestimmt ist. Die Materie hat kein Sein, denn Sein ist vollendetes Leben und vollendetes Denken. Das Sein ist unfähig, etwas in sich aufzunehmen. Es ist erfüllt und gesättigt. Das Sein ist nicht körperlicher Natur. Das Körperliche ist dem Sein entgegengesetzt. Nur der Geist ist wahrhaftes Sein und Leben. Das Körperliche ist das Nichtsein. Je mehr sich die Dinge dem Sein nähern, um so mehr entfernen sie sich von der körperlichen Natur. Dagegen macht das fehlende Sein die Körperlichkeit des Körpers aus. Plotins Lehre steht im äußersten Gegensatz zum Materialismus. Der Materialismus, der alles auf Körperlichkeit und Bewegungsvorgänge zurückführen will, sucht das Sein dort, wo das Gegenteil des Seins, das Nichtsein, vorhanden ist.

Je körperlicher und sinnlicher ein Ding, um so mehr ist es den Leiden ausgesetzt. Und doch sind Körper keine Realitäten. Wer Körper als Realitäten auffaßt, der nimmt Traumgestalten für Wahrheit. Das Wesen der Materie ist von geistigem Sein und Körperlichkeit sorgfältig zu scheiden. Das Körperliche steht in der Mitte zwischen Geistigkeit und

Materie. Es hat an beiden Anteil. Der Körper ist dem Geist entgegengesetzt, aber auch zwischen Materie und Körper besteht ein grundlegender Gegensatz. Der Körper ist ein Produkt, ein Zusammengesetztes und somit vergänglich und dem Verfall anheimgegeben. Die Materie dagegen ist einfach. Die Materie ist wie das Gute in der Hauptsache nur negativ zu bestimmen. Sie ist nicht Vernunft oder Geist, nicht Seele, nicht Leben, nicht Grenze und Gestalt. Sie ist das Nichtsein, aber nicht in dem Sinne, wie Ruhe und Bewegung etwas Unwirkliches sind, sofern sie nur an einem Substrat sich offenbaren können, sondern die Materie ist in Wahrheit das Nichtseiende. Sie ist eine Art des Unendlichen und bedeutet Sehnsucht nach Wirklichkeit. Sie ist unsichtbar. Die reine Materie, der bloße Stoff ist nicht zu sehen, zu fühlen und zu tasten. Sie ist überall in dieser Sinnenwelt gegenwärtig, wenn man sie auch nicht erblickt, und entzieht sich dem Auge, das sie sucht. Sie hat die Möglichkeit, Gegensätze in sich zu tragen, sie, die in ihrer reinen Natur das Weder—noch aller Gegensätze ist. Als bloßer Stoff kann die Materie weder bleiben noch fliehen, denn sie hat weder ein Moment der Dauer noch eins der Bewegung in sich. Sie kann von sich aus weder beharren noch sich bewegen, sondern ist vollkommen ohnmächtig ohne jede Kraft des Widerstandes und der Wirkung. Alle Kraft ist mit dem Geiste verbunden, der allein das wahre Sein und Leben ist. Die Materie lügt in allem, was sie zu sein scheint und ist nichts als ein flüchtiger Schatten, ein gleitendes Spiegelbild. Sie ist ein Bild ohne Form und Gestalt, also weniger als ein Bild, und schon die Bilder haben keine Festigkeit, keine Kraft und keinen Bestand.

Die Materie besitzt keine Aktualität, denn alle Tätigkeit geht von der Weltseele und ihren Formen aus. Man kann aber auch nicht behaupten, daß die Materie leidet, denn sie ist unkörperlich, qualitätslos, ohne Größe und Wirklichkeit. Da die Materie als Prinzip der Sinnlichkeit selber dem Sinnlichen entzogen ist, so kann sie auch nicht leiden.

Die Materie ist die notwendige Bedingung für alle körperlich-sinnliche Existenz. Ohne sie gibt es keine Sinnenwelt, so wie die Bilder aufhören, wenn man den Spiegel fortnimmt. Sie ist durch die Dinge verbreitet und jeden Augenblick zum Empfang der Formen bereit. Die Dinge, die in sie eintreten und denen gegenüber sie die Rolle der Mutter spielt, sofern sie die Formen in ihrem dunklen Schoß empfängt, lassen sie weder etwas Gutes noch Böses dulden. Nur die Dinge als das Produkt von Form und Materie, von Geist und Stoff, kämpfen und leiden miteinander, nur die Dinge gewinnen und verlieren, die Materie ist der gleichgültige und teilnahmslose Zuschauer dieses Widerstreits der Kräfte, dieser immer wieder neu sich regenden Impulse. Die Materie geht allem Entstehen und Vergehen voraus, während die Veränderung im Kreise des Werdens und Entstehens vor sich geht. Sie ist der Ort der Formen und bleibt als solcher unveränderlich, wenn die Formen in sie eingehen und sie verlassen.

Dem Geist ist in der übersinnlichen Welt ein unsinnliches Substrat gegeben, aus dem er das Vollendete schaffen kann. Die Materie der übersinnlichen Welt ist ihren Formen gleichartig. So werden dort die reinen geistigen Wesenheiten gebildet. Die sinnliche Materie ist dem Geiste entgegengesetzt, und die Weltseele, die aus der Sphäre des Geistes stammt, vermag dies heterogene Gebilde nicht zur Vollendung zu führen. Dem schöpferischen Gestaltungstrieb der Seele sind hier gewisse Grenzen gesetzt, welche die höchste Entfaltung verbieten. Die Sinnenwelt bleibt nun einmal die Welt des

Relativen, wenn auch das Ganze als ein Abbild des Vollendeten angeschaut werden kann.

Wenn wir überlegen, was die sinnliche Materie in der Lehre Plotins bedeutet, so kommen wir zu der Vorstellung des dunklen Raumes, in dem das ewige Licht des Geistes in seinen letzten Ausstrahlungen immer matter und trüber glänzt. Die Zeit ist, wie wir gesehen haben, ein Produkt der Weltseele. Indem die Seele zur Tätigkeit übergeht und aus dem Zustand der Ewigkeitsschau heraustritt, bildet sich die Zeit. Der Raum oder die sinnliche Materie ist für die Weltseele etwas Vorliegendes und Gegebenes, wenn auch keine wahrhafte, in sich ruhende Wirklichkeit. Sie ist das Wesenlose, Geistesferne, das bloß Negative gegenüber dem wahren Sein. Die Materie ist unkörperlich und nichtseiend. Sie besteht nur als Negation und Privation des Geistes, als das andere, was mit dem Einen gesetzt ist, als das Relative gegenüber dem Absoluten. Die Lehre Plotins ist somit reiner Spiritualismus und steht im äußersten Gegensatz zu jeder materialistischen Weltanschauung. Doch wird nicht alles auf das Göttliche zurückgeführt, es bleibt ein Ungöttliches zurück. Wer der Materie sich zuwendet, lebt ein ungöttliches Leben. Ein solches Leben ist aber auch ein unwahres Leben der Täuschung und der Illusion, denn alles wahrhafte Leben ist Leben des Geistes. Das Häßliche und das Böse haben ihren letzten Grund in der Materie. Sofern aber die Materie das Nichtseiende ist und Schein und Illusion von ihr ausgeht, ist das Häßliche und Böse seinem letzten Grunde nach nur Schein. Die wahre Welt des Geistes kennt das Böse nicht. Das Böse ist das Geist- und Formlose. Es gibt kein Radikal-Böses. So ist in Plotins Lehre der ethisch-religiöse Dualismus von gut und böse aufgehoben.

Plotins Erkenntnislehr

Die Erkenntnislehre Plotins ist von dem religiösen Grundcharakter seiner Lehre mitergriffen. Ihr höchstes Ziel ist aller Dinge Ursprung, die Gottheit. Die gottentfremdete menschliche Seele soll mit dem ewigen Grund alles wahrhaften Seins wieder vereinigt werden. Liegt doch das Zentrum alles Lebens, des sinnlichen und des geistigen, in der Religion, und so ist auch seine Philosophie von der religiösen Idee ergriffen. Die Philosophie ist für Plotin letzten Endes nicht ein Weg, um kalte theoretische Einsichten und Erkenntnisse über die Natur der Dinge zu gewinnen, nicht die Wahrheit in ihrem rein theoretischen Formcharakter ist das Ziel seiner Sehnsucht. Das reine Denken ist für ihn ein Weg zu Gott und zwar der edelste und vornehmste Weg. Es besteht keinerlei Fremdheit zwischen der religiösen Idee und der theoretischen Erkenntnis. Gott und Wahrheit gehören zusammen. Verschieden sind die Wege, die aus der Sinnenwelt in die übersinnliche Welt hinüberführen. Vor allem preist Plotin drei Mittel und Wege, die am zuverlässigsten die Seele aus irdischen Banden befreien, sie weltfrei machen und zu Gott zurückführen: Liebe, Kunst und Philosophie.

Die Methode der philosophischen Erkenntnis bezeichnet Plotin wie Platon als Dialektik, deren Aufgabe darin besteht, den Zusammenhang zwischen den Ideen aufzuweisen. In ihrer Grundfunktion ist sie die Fähigkeit, jedes Ding begrifflich zu denken, zu wissen was es sei und wodurch es sich von anderen unterscheidet. Mit der Dialektik betreten wir das Gebiet des Gemeinsamen und Allgemeingültigen. Es handelt sich nicht um Vorstellung und Meinung, sondern um den Begriff und die Gewißheit der Wahrheit. Die Dialektik hat es mit den Dingen an sich zu tun, mit den Dingen in ihrer reinen Wesenheit. Dies wahrhaft Seiende ist auf drei Sphären verteilt: die ideale Welt, die Sinnenwelt und das Gebiet der Seele. Doch kümmert sich die Dialektik nicht um die Einzelheiten der Dinge, diese überläßt sie vielmehr den Spezialwissenschaften, sondern ist allein um die Prinzipien bemüht. Sie ist die Wissenschaft von dem Entgegengesetzten, von den antinomischen Formen des Lebens, die sie als Einheit zu denken unternimmt. In ihrem analytischen Gange löst sie komplexe Gebilde auf, um die Grundformen zu verstehen, in ihrem synthetischen Bestreben sucht sie Entlegenes zu verbinden. Dabei verfährt sie entweder deduktiv, indem sie von einem allgemeinen Vernunftprinzip ausgeht, oder induktiv, indem sie zum höchsten Prinzip sich erhebt.

Die Dialektik hat es mit dem Seienden zu tun. Es gibt aber sechs Hauptgestalten des Lebens, die als das Seiende angesprochen werden können und mehr oder weniger die Natur des Seienden offenbaren: das Eine, das wir als das Überseiende auffassen können, die Vernunft oder der Geist als Prinzip der übersinnlichen Welt, die Seele als das bewegende Prinzip und als das Verbindende zwischen den Welten, die Natur als dasjenige, was bewegt und zugleich bewegt wird, die Materie als Möglichkeit des Seins im Verhältnis zur Form und als das Nichtseiende im Verhältnis zum Geist und die Form als Prinzip der Begrenzung. Diese Seinsbegriffe verteilen sich auf den Gegensatz zweier Welten: der geistigen, intelligibelen, idealen Welt und der sinnlichen, körperlichen, natürlichen Welt. Der zutreffende und konstituierende Begriff für die ideale Welt ist der Begriff des Geistes oder der Vernunft, während für die Sinnenwelt der Begriff der Natur bestimmend ist. In der idealen Sphäre tritt zu dem Begriff des Geistes der Begriff der Seele und des Einen hinzu. Das Eine steht im Grunde genommen noch über der Welt des Geistes, wird aber von Plotin mit dem νους und der Seele zusammengefaßt, sofern in diesen drei Begriffen die Idee des Göttlichen sich entfaltet. Die φύσις, die Natur, umfaßt das ganze Gebiet der Körperwelt. Im Körper unterscheidet Plotin wie Aristoteles zwischen Form und Stoff, zwischen Materie und Gestalt. Die Lehre von der Sinnenwelt, dem κόσμος αἰσθητός ist die Lehre von den immanenten Formen, von der Materie und der Natur, die Lehre von der idealen Welt als dem κόσμος νοητός ist die Lehre vom Göttlichen und vom Geist.

Man kann auch die Philosophie Plotins auf das Eine oder Gute als das objektive und absolute Prinzip und das Schauen, die θεωρία als das subjektive Prinzip zurückführen. Das Ziel und das Wesen seiner Philosophie ist schließlich darin zu finden, daß die Seele das göttliche Eine erschaut. Die θεωρία ist Erkenntnis, aber unmittelbare Erkenntnis durch Intuition und somit von jeder Erkenntnis und allem Denken wohl zu unterscheiden, das auf Überlegung und Reflexion beruht. So wie bei Spinoza die scientia intuitiva sich über alle Schranken der ratio weit hinaushebt, so vollendet sich auch bei Plotin alle Verstandeserkenntnis in dem auf Gott gerichteten Schauen. Doch ist das Schauen nicht allein die Vollendung der Erkenntnis. Ist doch das theoretische Interesse bei Plotin nicht das ausschlaggebende. Die plotinsche Intuition meint auch ein Sehnen und Streben, ein Suchen und Verlangen, ein liebendes Erfassen und Genießen des Göttlichen. Es meint die ganze große Sehnsucht nach Gott, von der alles Unvollendete ergriffen ist, und vollen Besitz des Göttlichen. Das gilt in gleicher Weise von Natur und Geisteswelt, daß sie sich in der Schau vollendet. Ob der Mensch nun scherzt und spielt oder ernsthaft eine Sache untersucht und Taten des Lebens auswirkt, mag es sich um einen Knaben, einen Jüngling oder einen Mann handeln: sie sind in Wahrheit Schauende und zum Schauen bestellt. All ihr Tun und Leiden vollendet sich in der Intuition.

Das Schauen ist die wahre und höchste Form des Geistes, alle Funktionen des Lebens vollenden sich in der Schau. Daneben ist jedoch der menschliche Geist ernsthaft bemüht, eine klare begriffliche Vorstellung von der Welt zu erlangen. Um eine solche Erkenntnis zu erreichen, müssen wir die Prinzipien oder Gattungsweisen des Seins verstehen, die alle Wirklichkeit konstituieren. Diese Gattungen des Seins sind die Kategorien, von denen Platon, Aristoteles und die Stoa in sehr verschiedener Weise gehandelt hatten. Das Problem der Kategorien wird von Plotin in enger Beziehung zu Platon erörtert, der die Formen des Seienden besonders im Sophisten erörtert hatte. Mit der Entwicklung seiner Lehre verbindet Plotin eine eindringliche Kritik der aristotelischen und stoischen Kategorienlehre. Beide trifft der Vorwurf der Äußerlichkeit, des willkürlichen Aufraffens der Bestimmungen im Anschluß an Sprachausdruck und Grammatik, des Mangels an spekulativer Einheit, der Unklarheit in bezug auf den Begriff des Seienden und der wahrhaften Substanzen. Die stoische Kategorienlehre, die sich als Versuch einer Korrektur des Aristoteles gibt, trifft dann besonders der Vorwurf einer materialistischen Denkweise.

Um die Gattungen des Seins zu verstehen, ist zuerst eine

klare Erkenntnis über die Natur des Seienden erforderlich. Wie kann aber von einer deutlichen und bestimmten Unterscheidung die Rede sein, wenn Aristoteles den Begriff der Substanz oder des Seins bald mit dem Stoff, bald mit der immanenten Form, bald mit dem Einzelding verbindet oder die Stoa mit ihrem dürftigen und unfruchtbaren Begriff der Materie der Natur des Wirklichen gerecht zu werden sucht?

Zu einem reinlichen Verstehen der Kategorien können wir nur gelangen, wenn wir an der scharfen Unterscheidung, die Plotin zwischen der idealen und realen Welt gemacht hat, unbedingt festhalten. Dann ergibt sich die Überlegung, daß die Kategorien in den beiden so verschiedenen Welten auch einen ganz verschiedenen Sinn haben müssen. So vermochte die Stoa in dem Begriff der Qualität nicht genügend zu unterscheiden und hat infolgedessen den Begriff der sinnlichen Qualität, der nur für die immanente Welt Geltung besitzt, dem Begriff der spezifischen Differenz gleichgesetzt, der notwendig zur Natur der Substanz gehört.

Plotin untersucht das Verhältnis von Qualität und Substanz und unterscheidet zwischen der Qualität der idealen und realen Welt. In der Sinnenwelt ist dann wieder zwischen den notwendigen Bestimmungen, die einer Substanz eigenen und den zufälligen und vorübergehenden Zuständen zu unterscheiden, in denen sie sich gerade befindet. Nur für letztere will Plotin den Begriff der Qualität reserviert haben.

In seiner Lehre von den Kategorien geht Plotin von den Begriffen des Seins und der Substanz aus. Die Substanz der übersinnlichen Welt, auf die es Plotin ganz in erster Linie ankommt, wird durch fünf Formelemente konstituiert: Sein, Bewegung, Ruhe, Identität und Verschiedenheit, und zwar gelangen wir zu dem Begriff des Seienden hinsichtlich der

Substanz, wenn wir von allen anderen Elementen, von jeder
inhaltlichen Bestimmung abstrahieren. Die Elemente der
Substanz, in denen ihr Wesen sich entfaltet, tragen ihrerseits
auch einen substantiellen Charakter. In der übersinnlichen
Welt gibt es nichts Sekundäres, sondern alles ist ursprünglich und wesenhaft. Die übersinnliche Welt ist nun einmal so
beschaffen, daß in ihr alles eins ist, während in der Sinnenwelt das eine sich vom anderen unterscheidet und von ihm
getrennt ist. Wie in einem Samenkorn ist in der übersinnlichen Welt alles zugleich und jegliches alles. Nur in der
idealen Welt ist Wahrheit und Realität zu finden. Die Sinnenwelt ist eine Welt der Bilder und flüchtigen Erscheinungen.
In der idealen Welt sind die Qualitäten substantielle Unterschiede der Substanz, nicht Unterschiede der Zuständlichkeit
und des Verhaltens, sondern Wesensunterschiede. Die Qualitäten des Übersinnlichen bewirken den Unterschied und die
Vielheit der Substanzen.

Ganz anders sieht es in der Sinnenwelt aus. Da finden sich
einmal Qualitäten, die den Unterschied der Substanzen konstituieren, nämlich spezifische Differenzen. Daneben aber
auch andere, die keinen Unterschied in der Substanz hervorbringen. Das sind Qualitäten im engen und eigentlichen
Sinne des Wortes. Ein und dasselbe kann hier in der Sinnenwelt bald als Unterschied der Substanz gelten, insofern es ein
notwendiges Element der Substanz ausmacht, bald ist es kein
Unterschied, sondern eine zufällige mit der Substanz ver-
bundene Bestimmung. Wir haben zu unterscheiden zwischen
dem substantiellen Quale, einer Eigentümlichkeit, die unmittelbar zur Substanz gehört und ohne die wir uns die Substanz nicht denken können und dem Quale schlechtweg, das
in der Substanz keine Veränderung hervorbringt, sondern

nur ein äußeres Befinden der schon vorhandenen Substanz erzeugt. Die Qualitäten der idealen Welt sind Wirksamkeiten, welche die Eigentümlichkeit der geistigen Substanzen konstituieren und ihre Unterschiedlichkeit setzen. Dagegen betrifft die Qualität in der Sinnenwelt nicht den wesentlichen Kern und die Differenz der Substanz.

Wie in seiner Lehre von der Qualität, hat Aristoteles auch bei seiner Entwicklung der anderen Kategorien dem grundlegenden Unterschied zwischen der idealen und realen Welt viel zu wenig Rechnung getragen. Er hat verschiedene Gattungen auf einen Begriff gebracht und andererseits abgeleitete und sekundäre Formen den eigentlichen Stammbegriffen der Vernunft nebengeordnet und nicht den Versuch ihrer Reduktion gemacht.

Wie Platon lehrt Plotin, daß es zwei völlig verschiedene Arten des Seienden gibt. Das eine ist das, was das naive Bewußtsein unter dem Seienden versteht, das aber niemals das Seiende ist, sondern immer als ein Werdendes aufgefaßt werden muß. Das wahrhaft Seiende ist durch den Begriff der Ewigkeit konstituiert. In dieser Sphäre gibt es verschiedene Prinzipien, die nicht aufeinander zurückführbar sind. Es gibt eine Einheit und gleichzeitig eine Vielheit des idealen Seins. Es gibt verschiedene Gattungen, die nicht mehr aufeinander zurückgeführt werden können.

Es mag schwierig sein, in der idealen Sphäre nebeneinander Einheit und Vielheit zu denken, wie sie für die Körperwelt selbstverständlich sind, wo neben der Mannigfaltigkeit der räumlich-körperlichen Gegebenheiten Einheitsformen des Lebens überall deutlich hervortreten. Wenn wir dagegen auf die Natur der Seele achten, die augenscheinlich eine ideale Substanz ist, so erkennen wir sogleich, daß sie ohne Größe und Ausdehnung ist. Es ist aber schwierig, das Ausdehnungslose vielfach zu denken. Sollte man doch meinen, die Seele sei eine absolute Einheit und der Körper die Mannigfaltigkeit zu dieser Einheit. Dennoch ist die Seele eine Vielheit. Ihre Vielheit wird gebildet durch die Logoi, die von der Seele ausgehen und die nichts anderes sind als die Seele, denn die Seele selbst ist Logos. Die Seele ist das Prinzip der Logoi, und die Logoi sind nichts anderes als Akte der tätigen und wirksamen Seele. Wenn man von der Tätigkeit der Seele abstrahiert und nur den Teil betrachtet, der n i c h t den Körper gestaltet, so ist sie fraglos ideales Sein, Substanz und Leben. Die Seele h a t nicht das Leben, sondern i s t das Leben. Sie ist an sich eins, die eine Seele, vielfach nur in Beziehung auf andere Dinge, vielfach auch durch die Bewegung, die von ihr ausgeht.

Wie die Seele ist auch der Geist Leben, und Leben ist ohne Bewegung nicht zu denken. So haben wir zwei Gattungen des Seienden: οὐσία und κίνησις, Substanz und Bewegung. Beide sind vollkommen eins: das Sein ist in der Bewegung und die Bewegung im Sein. In der Wirklichkeit sind sie unlöslich verbunden, nur der Gedanke vermag sie zu trennen. In der Einheit des Seins bedingen sie sich gegenseitig. Dazu kommt als drittes Prinzip und Gattung des reinen idealen Seins die Ruhe (στάσις) die mehr mit dem Begriff des Seins als dem der Bewegung in Harmonie steht, denn es ist dem Sein eigentümlich, in demselben Zustande zu verharren und gleichförmig zu sein. Wie Bewegung und Sein unterschiedlich und doch im Grunde eins sind, so müssen wir die στάσις vom Sein sondern, ohne sie doch trennen zu können, denn Sein ist ohne Ruhe und Ruhe ohne Sein nicht zu denken.

So denkt die Vernunft das Sein, die Bewegung und die Ruhe. Diese Formen und Bestimmungen s i n d , sofern sie von der göttlichen Vernunft gedacht werden; ist doch für die ideale Welt „Gedachtwerden" gleichbedeutend mit Sein. Wundersam ist das Leben der Vernunft. In ihr sind die Dinge geteilt und gesondert und doch auch wieder vereint. In ihr ist bleibendes Leben, in ihr ist der Gedanke, der das Gegenwärtige ergreift und besitzt. Sofern die Vernunft denkt, findet sie in sich Wirklichkeit und Leben. Insofern die Vernunft existiert, denkt sie, und sie denkt, sofern sie existiert.

Wenn man die drei Gattungen der idealen Welt: Sein, Ruhe und Bewegung betrachtet, so sind sie bald gesondert und bald eins. Wenn man sie gesondert betrachtet, muß man als neue Gattung die Differenz anerkennen. Betrachtet man sie dagegen in Beziehung zur Einheit, so haben wir die Identität. Die Bezeichnung für Identität ist ταυτότης, für Differenz ἑτερότης. So gibt es fünf Gattungsweisen des idealen Seins.

Vergleichen wir die körperliche Natur mit dem idealen Sein, so kann von ihrem substantiellen Charakter nur in übertragenem Sinne gesprochen werden. Denn in der körperlichen Natur herrscht ein beständiger Wechsel, ein ewiges Entstehen und Vergehen. Man muß in der Sphäre der Körperlichkeit unterscheiden zwischen der Materie, der Form und dem, was aus beiden zusammengesetzt ist. Die Struktur des sinnlichen Einzeldinges versteht somit Plotin ganz im Sinne des Aristoteles. An der Stelle des idealen Seins steht in der Sinnenwelt die Materie, an der Stelle der idealen Bewegung die Form, an Stelle der intelligibelen Stasis die Tätigkeit der Materie, an Stelle der Identität die Ähnlichkeit, an Stelle der Differenz die Unähnlichkeit. Doch entspricht sich das alles nur von weitem, denn die Form ist der Materie völlig fremd und von außen an sie herangebracht, während die Bewegung der idealen Sphäre notwendig zur Substanz gehört. In der idealen Welt ist die Form selbst Erreger und Bewegung, in der Sinnenwelt gibt die Form der Materie Stabilität und Unbeweglichkeit.

Die Materie ist keine Gattung, weil sie keine Differenzen zuläßt. Sie ist das allgemeine Element und Substrat für die Formen. Auch ist sie ebensowenig Substanz wie die ihr anhaftende Form, sondern erst das aus beiden Zusammengesetzte kann als Substanz bezeichnet werden. So bilden Materie, Form und Formungsprodukt die erste Gattung und Kategorie der Sinnenwelt. Dazu treten noch die anderen Gattungen; Quantität und Qualität, die ebenso notwendig zusammengehören wie Raum und Zeit und ferner als vier und fünf die Bewegung und die Relation. Wenn nun auch das aus Form und Stoff zusammengesetzte als das ὑποκείμενον aller kategorialen Formung der Sinnenwelt angesehen werden muß, so kann man doch der sinnlichen Substanz in tieferem Sinne kein Sein zusprechen, weil sie kein Sein durch sich selbst hat, sondern ihre Existenz von dem wahren Sein erhält, an dem sie teilnimmt. Am wenigsten kann der Begriff des Seins der Materie zugesprochen werden. Sie ist von dunklerer Existenz als die Dinge, die in ihr sind. Sie ist völlig irrational und ein bloßer Schatten der Vernunft. So kann sie auch den Dingen kein Sein verleihen, sondern die Dinge verdanken ihre Existenz dem Teilhaben an einem höheren idealen Sein. Die sinnliche Substanz besteht aus Nichtsubstanzen: aus Materie und Qualitäten. Sie ist ja auch im Grunde keine wahre Substanz, sondern nur ihr Bild und Abglanz.

Zu den Kategorien der Sinnenwelt, welche die sinnliche

Substanz näher bestimmen, gehören Quantität, Qualität und Bewegung. Die Quantität zeigt sich als Zahl, Größe und auch als Gestalt, welche letztere Aristoteles irrtümlicherweise der Qualität zugeordnet hatte. Die Qualitäten werden nicht durch andere Qualitäten, sondern durch Kennzeichen unterschieden, wie sie in der sinnlichen Wahrnehmung hervortreten. Der Grund des Unterschiedes ist aus der sinnlichen Anschauung nicht zu erkennen, da ja die Vernunft in der Wahrnehmung durch bloßes Schauen ohne Reflexion erkennt. Zur Natur der Qualität gehört die Bestimmung des Grades. Schließlich die Bewegung. Auch sie ist eine selbständige Kategorie. Sie ist etwas durch sich selbst, bevor sie einem Substrat angehört. Sie muß als selbständige Gattung aufgefaßt werden, während Wechsel, Entstehung und Anderswerden als Arten auf sie zurückzuführen sind. Die Bewegung kann als Übergang der Möglichkeit zur Wirklichkeit aufgefaßt werden. Sie ist die eigentümlich aktive Form unter den Kategorien. Das Gemeinsame bei allen Arten der Bewegung ist dieses, daß das bewegte Ding nach der Bewegung nicht mehr in dem Zustand ist, in dem es früher war und daß es sich nicht beruhigt, solange die Bewegung dauert. Man darf Bewegung und bewegte Dinge nicht miteinander verwechseln. An letzteren nehmen wir nur die Bewegung wahr, die als unsichtbare Kraft in den Objekten wirkt. Auch ist die Bewegung nicht allein in dem bewegten Ding, sondern auch in dem bewegenden.

Es gibt dann endlich auch eine Kategorie der Ruhe, die für die Sinnenwelt gilt und die Bezeichnung ἠρεμία trägt, eine Form, die der Kategorie der στάσις unter den Kategorien der übersinnlichen Welt entspricht. Die στάσις gilt von dem, was vollkommen unbeweglich ist, ein Zustand, der in der Sinnenwelt niemals ganz gefunden werden kann. Die ἠρεμία wird auf dasjenige angewandt, was zwar tatsächlich fixiert ist, aber seiner ganzen Natur nach als beweglich und bewegt gedacht wird. Diese Ruhe, von der wir schon dort sprechen, wo es sich um eine sehr langsame Bewegung handelt, ist im Grunde nur eine Negation der Bewegung und keine selbständige Kategorie. Dagegen ist die στάσις in der intelligibelen Welt nicht als Negation der Bewegung aufzufassen. Ruhe und Bewegung schließen sich dort nicht gegenseitig aus, sondern die eine existiert nur mit der anderen.

Die Kategorienlehre Plotins ist der bedeutendste Versuch des griechischen Denkens, das Wesen der Denkformen, dies zentrale Problem der modernen Logik, verständlich zu machen. Seine Untersuchungen über diesen Gegenstand haben auch für die Gegenwart noch erhebliche Bedeutung und sind in neuerer Zeit von Emil Lask in sehr interessanter Weise genutzt und weiter gebildet worden. Vor allem ist es die Unterscheidung zwischen den Kategorien der übersinnlichen und sinnlichen Welt, die bleibende Bedeutung besitzen wird.

Die Mystik Plotins

Das Ziel und Ende aller Spekulationen Plotins, darin alle Wege seines Denkens zusammenlaufen, ist die mystische Schau des Göttlichen, die letzte Tiefe des religiösen Erlebens. Wenn bei Plotin neben dem ethischen Wert der ästhetische die entscheidende Rolle spielt, so wird von Plotin alles Weltleben des Menschen in den Dienst des religiösen Wertes gestellt. So sehr er als Philosoph die Erkenntnis feiert, so gibt es doch für ihn eine Sphäre, die über alle Vernunft und alles Denken weit hinausliegt, wo in geheimnisvoller Stille das Eine, das Gute, das Schöne wohnt. Zu diesem Guten, das übervernünftig ist, werden wir durch die Kraft des Eros und die Schönheit des Schauens hingeführt. So geht die Religionsphilosophie Plotins in Mystik über, und zwar bedeutet die Lehre Plotins die erste große Gestaltwerdung der Mystik im Abendlande.

Unter Mystik verstehen wir eine Form des religiösen Bewußtseins, in welcher die Überwindung der Distanz zwischen der reinen Seele und der irrationalen Gottheit bis zur vollkommenen Wesensvereinigung schon in diesem Leben ersehnt und gefordert wird. Ihr wichtiges Problem ist die Zurückführung der gottentfernten Seele in ihre höhere Heimat.

Wenn wir das Weltbild Plotins betrachten, so erkennen wir die Grundzüge eines Emanationssystems, das von einem erhabenen, rein geistigen Pantheismus berührt und von der tiefen Innerlichkeit der Mystik durchbebt wird. Wir schauen die ungeschaffene göttliche Welt mit den notwendigen Beziehungen und Verhältnissen, die zwischen allen Formen und Gestalten von Ewigkeit her bestehen. Wir sehen das göttliche Eine, den Ursprung alles Lebens und Seins, den Grund aller Schönheit, Liebe und Freiheit in seiner Überfülle ausstrahlen und sich ergießen zur Welt des Geistes und der Vernunft und diese wieder zur Weltseele sich weiten und niedersenken, die ein Doppelwesen bildet, von denen das eine, von Liebe ergriffen der idealen Welt zugewendet bleibt und die Idee der Geisteswelt erschaut und empfängt, während das andere mit den Logoi, als den Abbildern der Ideen, die Materie der Sinnenwelt gestaltet.

Diese Materie ist das von Geist nicht berührte, absolut Geistlose. Sie ist das an sich ganz und gar Formlose und, weil alles Schöne und Wertvolle auf Geist und Form beruht, so ist sie auch der Grund alles Häßlichen und Bösen in der Welt. Von der Weltseele gestaltet, empfängt sie der Schönheit schimmerndes Kleid. Wenn wir die Schönheit der Natur bewundern, so meinen wir den Geist, der durch die Natur hindurchleuchtet. Alles sinnlich Schöne ist in diesem Sinne zu verstehen. Die sinnliche Materie besitzt den geringsten Grad von Realität als schimmerndes Abbild der übersinnlichen Materie. Sie ist die Entäußerung des Geistes, seine Beraubung und als das Ungeistige im Grunde ein Nichtseiendes, denn nur der Geist hat Sein und Leben.

Wie steht nun die Seele des Menschen in dieser Welt? Sie, die ihren Ursprung der Weltseele verdankt und in gewisser Weise noch immer in der Einheit der Seelen lebt, ist doch tatsächlich dem höchsten Prinzip, der Gottheit fremd geworden. Obwohl sie ein ideales Wesen ist und dem Reiche des Geistes entstammt, hat sie doch der Gottheit und ihres göttlichen Ursprungs vergessen. Die Trennung von Gott und Seele ist dadurch eingetreten, daß die Seele die Fähigkeit hatte, sich zu entwickeln und daß in ihr von vornherein der Trieb und das Bestreben lag, für sich zu sein und individuelle Gestalt zu gewinnen. Dieses Streben hat zur zeitlichen Geburt geführt. Indem die Seele ihren göttlichen Ursprung vergaß, hat sie ihre Ehre und Würde eingebüßt. Indem sie den irdischen Dingen so viel Teilnahme und Ehre erweist, ist sie nicht mehr imstande, die Kraft und Herrlichkeit Gottes zu erschauen und in sich aufzunehmen.

Was ist nun das Wesen der Seele? Die Seele ist eine Substanz von ganz anderer Beschaffenheit wie der Körper. Der Körper entsteht und vergeht, aber die Seele hat am wahrhaft Seienden Anteil. Sie lebt ein wahrhaftes Leben, sie ist ewig und dem Entstehen und Vergehen nicht unterworfen. Sie hat die Kraft, sich selbst zu bewegen und ist auch für alle anderen Dinge Grund und Ursprung der Bewegung. Die Seele ist das unvergängliche Prinzip allen Lebens. Sie ist ihrer Natur nach unsichtbar und göttlich. Durch innere Läuterung, Heiligung und Reinigung gelangt sie zur Erkenntnis ihres Wesens. Als Substanz leidet die Seele nicht. Sie ist reine Wirksamkeit und Energie. Der wesentlichste Teil der Seele ist schauender Natur. Schauen ist reine Tätigkeit. Der denkende Teil der Seele schaut den Geist an und betrachtet die in ihm ruhenden Ideen. Diese nur tätige und niemals leidende Seele ist teilbar und unteilbar zugleich. Die höhere Funktion der Seele, die im Vernunftleben des Menschen sich entfaltet, ist unteilbar, die niedere, die als Leben und Kraft mit dem Körper verbunden ist, ist an sich teilbar; da die niedere Funktion der Seele jedoch der höheren unterstellt ist, so hat sie auch an der Unteilbarkeit Anteil.

Die Seele ist gottentfremdet. Es besteht daher die Aufgabe, sie zu ihrem Ursprung wieder zurückzuführen. Das kann auf doppelte Weise geschehen. Nämlich entweder so, daß man der Seele den Unwert der Dinge zeigt oder daß man sie an ihre ursprüngliche Würdigkeit, an ihre vornehme Abkunft erinnert. Wir müssen wissen, ob unsere eigene Natur so beschaffen ist, daß sie die Fähigkeit hat, Gott zu schauen. Das kann nur der Fall sein, wenn sie der göttlichen Natur verwandt ist. Wenn sie der göttlichen Natur fremd geworden ist, so hat es für sie auch keinen Zweck, den Versuch einer unio mystica zu wagen. Das Göttliche offenbart sich in drei Hypostasen, als das Eine, als Geist und als Weltseele. Die Weltseele hat alle lebenden Wesen hervorgebracht. Sie schmückt, ordnet und bewegt die Natur. Die Weltseele ist unsterblich. Durch sie ist die Welt vergöttlicht. Daraus folgt, daß die Weltseele selber göttlich ist und daß unsere Seele, die der Weltseele ähnlich ist, eine gottartige Natur besitzt.

Über die Seele hinaus liegt der Nus, zu dem sich die Seele verhält wie Stoff zur Form. Er ist das Prinzip der rein idealen Welt. Hier ist das wahre Leben. Hier ist alles beständig und unveränderlich, vollendet und glückselig. Hier braucht die Vernunft nicht mehr zu forschen und zu streben, sondern sie hat den ewigen Besitz. Der Nus besteht in absoluter Identität. Er ist niemals zukünftig oder vergangen. Der Nus hat die Weltseele erzeugt und nimmt selber seinen Ursprung vom göttlichen Alleinen.

Die göttlichen Hypostasen sind nicht nur im Universum, sondern auch in uns enthalten. Sie bilden den inneren Menschen: die Seele, die Vernunft, das Eine in uns. Diese drei machen die göttliche Seite unseres Wesens aus. Ein Teil unseres Wesens ist der Weltseele verwandt. Unsere Seele hat

ferner eine in Begriffen denkende Vernunft, die rein idealen
Wesens ist und auf immaterielle Weise existiert. Die Seele ist,
wie schon Platon gesagt hat, so beschaffen, daß sie von der
einen Seite her in der idealen Welt verharrt und ihr Haupt
im Himmel birgt. Das Vernünftige in uns hat die Fähigkeit,
den niederen Teil der Seele zur idealen Welt zu erheben.

Schließlich hat die menschliche Seele auch am absolut
Göttlichen selber Anteil. Mit einem Teil unserer Seele berühren wir Gott, der nur in sich selber Bestand hat, der von
allen Wesen angeschaut wird, die imstande sind, ihn aufzunehmen und der doch von all diesen Wesen noch verschieden bleibt. Mit diesem Gott sind wir vereinigt, wenn wir
uns zu ihm erheben.

Nachdem Plotin in dieser Weise den Gedanken der Gottähnlichkeit der Seele entwickelt hat, lehrt er uns die Idee der
„reinen Seele", die von allem irdischen Getriebe unberührt
und ungetrübt bleibt und welche die Möglichkeit besitzt, sich
mit der irrationalen Gottheit zu vereinigen. Die reine Seele,
an und für sich genommen, steht außerhalb der Sphäre des
Übels und des Bösen. So viel Böses der Mensch auch erleiden mag: die reine Seele wird nicht davon berührt, und
die reine Seele hat dieses Böse auch nicht veranlaßt. Es gibt
einen metaphysischen Wesenskern im Menschen, der vom
Übel nicht berührt und betroffen wird. Das Böse und das
Übel finden nur in dem erscheinenden Menschen statt, dieser
eigentümlichen Zusammensetzung von Seele und Körper.
Aus dieser Vereinigung geht alle Begierde und alle falsche
Vorstellung von den Dingen hervor, und diese bilden doch
augenscheinlich den Grund des Bösen. Die rein geistige und
vernünftige Tätigkeit des Menschen kann nicht mit der
Sünde in Beziehung treten und als ihre Ursache aufgefaßt

werden. Die rein geistige Tätigkeit bedarf des Körpers nicht. Sie ist das rechte Erkennen, der wahre Mensch, das eigentliche „Wir". Dieses Wir ist von jedem sinnlichen Element frei, auch von jeder Mischung von Geist und Sinnlichkeit. Alle wahre Tugend, die auf reiner Seelentätigkeit beruht, ist in ihm beschlossen. Die reine Seele kann sich schon in diesem Leben von allen körperlichen Elementen absondern und ablösen. Sie bleibt vollkommen sündenlos.

Das Seiende und Überseiende, zu dem auch ein Teil der Seele gehört, wird vom Bösen nicht berührt. Das Böse ist nur in dem Nichtseienden zu finden und in dem, was mit ihm gemischt ist. Das Nichtseiende darf nicht aufgefaßt werden als etwas, was überhaupt nicht existiert, es ist nur etwas anderes als das Seiende. Es ist ein Schattenbild des Seins, es ist die Negation seines wahrhaften Wesens. Es ist Maßlosigkeit in bezug auf das Maß, Grenzenlosigkeit in bezug auf die Grenze, Gestaltloses in bezug auf das Gestaltgebende, bedürftig gegenüber dem Selbstgenugsamen, ewig unbegrenzt, nirgends feststehend, alleidend, unersättlich, voll Mangel.

Wie es nur ein Urgutes gibt als Grund des Seins, des Schönen und des Guten, so muß es auch ein Urböses geben als Grund des Nichtseienden, Häßlichen und Bösen. Es gibt ein an sich Unbegrenztes und Gestaltloses. Das ist die den Gestalten, Formen, Massen, Grenzen zugrunde liegende, mit fremdem Schmuck bekleidete Materie, die nichts Gutes an sich hat, die das an sich Böse bedeutet. In der für sich seienden Seele liegt nichts Böses, denn sie ist vollkommen rein und von ungehemmter Wirksamkeit. Wenn die Seele einmal schwach wird, da sie für Eindrücke so leicht empfänglich ist, so geschieht es dadurch, daß die Materie die Seele behindert, ihre volle Wirksamkeit zu entfalten.

Für die Seele kommt alles darauf an, sich den Fesseln der Materie zu entziehen und sich mit all ihren Teilen in die ideale Welt zu erheben. Es gibt in der Hauptsache drei Wege, um weltfrei zu werden und zum Guten zu kommen: Liebe, Kunst und Philosophie. So sind ihrer Natur nach pneumatische Menschen am meisten befähigt, sich in die göttliche Welt zu erheben, da sie am leichtesten zum Schauen gelangen können. Sie haben sehr bald die beiden anderen Stufen der Erhebung zum Guten, die ethische der bürgerlichen Tugend und die der Reflexion hinter sich gelassen. Sie sind von vornherein auf die ideale Welt der Vernunft, Liebe und Freiheit eingestellt. Sie sind von göttlicher Liebe und von göttlichem Wahnsinn geleitet.

Die bürgerlichen Tugenden, welche die niederste Stufe in der Erhebung des Geistes bilden und den Punkt bezeichnen, da die Seele mit der Überwindung der Materie ernst macht, sind drei der von Platon im Staat als Grundformen des sozialen Lebens verkündeten Tugenden: Besonnenheit, Tapferkeit und Gerechtigkeit — die Weisheit wird nicht genannt — und die von Aristoteles dem sittlichen Leben zugeordnete φρόνησις. Von Platon und Aristoteles relativ hochgestellt, sind sie für Plotin, welcher der Seele so hohe Wege zuweist und das tätige Leben gegenüber dem kontemplativen so gering achtet, nur ein erster Anfang zur Erhebung auf die Stufe des reinen Geistes. Die bürgerlichen Tugenden schmücken unsere Seele und machen sie besser, indem sie unsere Begierden regeln und unsere Leidenschaften zügeln, indem sie uns von falschen Vorstellungen befreien und unserer Seele Maß geben. Dies Maß der Seele, was hier gemeint wird, ist schon eine Spur von dem, was in der geistigen Welt das Beste ist.

Die nächsthöhere Stufe auf dem Wege zur Weltfreiheit ist
das Wissen. Bei der Geringschätzung der Willensbestrebun-
gen, die Plotin eigentümlich ist, steht dieses Wissen über den
bürgerlichen Tugenden, gehört aber in seinen niederen Formen, die von Reflexion geleitet sind, noch zu denjenigen
Funktionen und Trieben, die sich zum Göttlichen empor-
ringen, die es begehren und ersehnen, ohne es zu besitzen.
Das gilt für die αἴσθησις ebensogut wie für die διάνοια. Sie
führen zur δόξα und zur ἐπιστήμη, zur Meinung und zum
Wissen, aber sie führen nicht zu Gott. Nur in der reinen Ver-
nunfttätigkeit, die zur höheren Weisheit führt, geht das
Wissen über die menschliche Begrenzung hinaus und führt in
Verbindung mit dem ἔρως zur reinen ϑεωρία. Die liebende
ϑεωρία, die gottschauende Liebe ist nicht auf Gemeinschaft
gerichtet, sondern führt die ganz in sich versunkene Seele
zur Göttlichkeit des absoluten Wissens. In der Tugend und
auf den niederen Stufen des Wissens gewinnt die Seele eine
entfernte Ähnlichkeit mit Gott. Tugend und Wissen sind
nicht das Höchste. Sie sind nur etwas Vorläufiges und Vor-
bereitendes: ein Ausblick auf den Geist.

Um zu der Stufe des pneumatischen Menschen zu gelangen
und damit der höheren Weihen teilhaftig zu werden, ist eine
Reinigung der Seele erforderlich. Die Reinigung bedeutet die
Wegnahme alles Fremden, aller seelenfeindlichen Sinnlichkeit. Die Seele soll zur vollkommenen Reinheit gelangen. Das
Ergebnis der Reinigung ist die Hinwendung zum Geiste und
das Beharren im Schauen. Die Seele besaß des Geistes Bild,
aber durch die Trübheit des Erdenlebens war es dunkel und
unanschaulich geworden. Sie besaß es nur im dunklen
Traume. Durch die Reinigung kommt die Seele zur Klarheit
der Erinnerung und zur Schönheit des Wiederfindens. Die

reine Seele wird sich von allen sinnlichen Freuden fernhalten und ohne Leidenschaft und Begierde sein. Solange die Seele die Reinigung nicht vollzogen hat, schwankt sie zwischen Natürlichkeit und Geistigkeit. Ist sie aber einmal zur Reinheit gelangt, so hat sie das Ziel der Gottähnlichkeit genossen. Sie ist zu ihrem ursprünglichen Zustand zurückgekehrt in der reinen Schau der ewigen Gestalten. Wer zum reinen Leben des Geistes und zur Schau des Guten gelangt, der gelangt auch zum Besitz der Glückseligkeit. In diesem Zustande vermag er sich selbst über den Tod zu trösten. Kein irdischer Schmerz berührt den Menschen mehr. Ist doch der Geist in seiner Reinheit selig und ohne Trauer. Die äußeren Güter haben für ihn alle Bedeutung eingebüßt. Der in Wahrheit glückselige Mensch wird für den Körper nur noch Sorge tragen, so wie der Künstler für seine Leier Sorge trägt. Er wird für ihn sorgen, sofern er notwendig ist, um sein geistiges Wesen zum Ausdruck zu bringen. Der Körper ist für ihn zum Instrumente des Geistes geworden. Dieses Glück ist ein Allgegenwartsglück, das weder durch Vergangenheitserinnerung, noch durch Zukunftshoffnung gesteigert werden kann. Dies geistige Glück hat nichts mit Dauer und Zeit zu tun. Es ist die höchste Intensität des vollendeten Augenblicks. Es handelt sich um die Berührung mit dem Allgegenwärtigen, das in seiner Einigkeit und Vollendung nichts mit der Zeit gemein hat.

Bevor wir nun den Weg der Seele zu Gott, wie ihn die Mystik Plotins zu verdeutlichen sucht, näher ins Auge fassen, wollen wir die Natur des Schauens, der göttlichen $\vartheta\varepsilon\omega\varrho\acute{\iota}\alpha$, uns noch etwas näher verdeutlichen, die im geistigen Menschen zum höchsten Ausdruck gelangt, aber der ganzen Natur als verborgenes Wesen innewohnt. Ist doch das

Schauen im Grunde nichts anderes als ein sehnsüchtiges Streben nach Gott, das allen Formen des Beseelten eignet. Wenn wir die Natur nicht technisch-mechanisch auffassen, sondern sie in ihrem innerlichen Wesen zu verstehen suchen, so ist ihre schöpferische Tätigkeit ohne Frage der Natur des Künstlers verwandt. Wir glauben, daß dem Künstler ein schöpferisches Gestaltungsvermögen innewohnt und daß er von einer Idee ergriffen ist, nach der er den gegebenen Stoff zum Kunstwerk umgestaltet. So besitzt auch die Natur eine schöpferische Kraft und eine Idee. Sie ist als schaffende Natur selbst unbewegt und unveränderlich. Sie ist selber Idee. Um schaffen zu können, bedarf sie als Material der stets beweglichen Materie, und die gestaltende Kraft, welche die Materie nach der Idee der Natur bildet, ist der Logos. In der schaffenden Natur ist die Idee das Schöpferische, und insofern die Idee aus der ϑεωρία empfangen und geboren ist, ist die Natur des Schauens teilhaftig. Was wir Natur nennen, ist Seele, die gleichsam schweigend das von ihr Erzeugte als Schauspiel betrachtet, die durch Umsichfühlen und Gewahren ihrer selbst inne wird und ein glänzendes und liebliches Werk des Schauens vollendet. Die Natur schafft, um zu schauen, und indem sie schaut, schafft sie. Gewiß ist das Schauen der Natur dem Schauen geistiger Wesen nicht gleichzusetzen. Sie verhalten sich zueinander wie Traum und Wachen. Der träumenden Schau der Natur steht die klare, helle Schau des Geistes gegenüber. Das Schauen der Natur ist ein stilles, dunkles Schauen, das Abbild einer höheren Schau.

Wie so die Sehnsucht der Natur von Plotin als Schauen gedeutet wird, so will er auch das Handeln der geistigen Wesen in diesem Sinne verstehen. Das Handeln geistiger

Wesen kann als unvollendetes, geschwächtes Schauen aufgefaßt werden. Wenn die Menschen zum Schauen zu schwach
sind, so jagen sie dem Schatten des Schauens, der Handlung
nach. Aus geistiger Schwäche sind sie nicht imstande, das
Schauspiel an sich zu fassen. Da sie aber von Sehnsucht
nach jenem Anblick ergriffen sind, so werden sie zum Handeln getrieben, um an äußeren sinnlichen Objekten zu
schauen, was sie im Geiste nicht zu schauen vermöchten.

Die Seele und der Geist des Menschen sind vor allen anderen
Wesenheiten zur ϑεωρία bestimmt. In der Seele sind zwei
Teile zu unterscheiden: der ideale Teil, der in der idealen
Welt verbleibt und ruht und von seligen Anschauungen erfüllt und erleuchtet wird, und der sinnliche Teil. Der sinnliche Teil der Seele, der den Körper bildet und gestaltet, hat
zwar an der ϑεωρία Anteil, aber sein Schauen ist eine Abschwächung gegenüber der Schau der idealen Funktion der
Seele. Das Schauen in der geistigen Sphäre ist ruhiger als in
der Sphäre der Natur, denn da die Seele die Idee in höherem
Grade besitzt, so ist sie auch beschaulicher und kontemplativer. Weil sie aber den Gehalt des Göttlichen noch nicht in
vollem Maße besitzt, so empfindet sie ein Sehnen, in noch
größerem Maße des Schauens teilhaftig zu werden. So kehrt
sie nach jeder Selbstentfremdung in äußeren Handlungen
und Betrachtungen immer wieder zu sich selbst zurück und
erschaut den idealen Teil ihres Wesens. Wenn aber die Seele
eines Menschen ihrer Idee vollkommen wesensgleich geworden ist, so nennen wir ihn mit dem Namen des Weisen.
Der Weise findet alles in sich. Er ist mit sich selbst zur Einheit gelangt. Er ruht in dieser Einheit und findet in sich
das All.

Nachdem wir so gesehen haben, wie das Schauen das ganze

Gebiet des Lebens durchwaltet, wenden wir uns wieder der Frage zu, wie nach der Lehre Plotins der geistige Mensch, der vor allen zum Schauen berufen ist, mit seiner Seele zur Vereinigung mit dem göttlichen Einen gelangen kann.

Der musisch gebildete Mann und die künstlerisch gestaltenden Naturen sind dadurch gekennzeichnet, daß sie leicht durch das Schöne bewegt werden. Bilder und äußere Eindrücke erregen ihrer Seele Tiefe, da ihnen ein hohes Maß von Empfänglichkeit eigentümlich ist. Wie ein furchtsames Wesen für das geringste Geräusch, so ist der Liebhaber der Musik für die Schönheit harmonischer Stimmen und Töne empfänglich. Er vermeidet alles, was dem Gedanken der Harmonie widerspricht. Er sucht in allen Klängen und Gesängen Rhythmus und Harmonie. Er vermag in den sinnlichen Tönen und Rhythmen Form und Materie zu trennen, um die reine Schönheit zu betrachten, die sich in Beziehung und Proportionen findet. So lernt er es verstehen, daß, was in diesen äußeren Dingen seine Bewunderung erregt, die geistige Harmonie, die Schönheit an sich ist, und daß das absolut Schöne nicht dieses oder jenes bestimmte Schöne ist. Das ist der Weg zur ästhetischen $\vartheta\epsilon\omega\varrho\iota\alpha$.

Fast schöner und bedeutender ist der Weg, den der Erotiker wählt, um sich mit dem Göttlichen zu verbinden. Er besitzt die Erinnerung an die reine Schönheit. Da er aber von ihr getrennt ist, weiß er nicht mehr, was sie ist. Er wird durch die Schönheit entzückt, die sich seinen Augen darbietet und auf das heftigste von ihr erregt. Doch wird er sich mit der Bewunderung des einen schönen Körpers, den er liebt, auf die Dauer nicht begnügen, sondern den Wunsch haben, alle schönen Körper zu umfassen, wo ihm nur immer die Schönheit begegnet. Er wird dann immer mehr dahin gelangen, die reine Schönheit zu verstehen, die eine andere ist als die des wohlgebildeten Körpers, die nicht aus der Sinnenwelt stammt und sich in anderen Dingen in viel höherem Maße findet, z. B. in den schönen Sitten und Handlungsweisen. Die Liebe des Erotikers wird immer mehr auf unkörperliche Dinge gelenkt, wie auf die Schönheit in den Künsten und Wissenschaften. Und schließlich wird er dahin kommen einzusehen, daß es nur e i n e Schönheit gibt und wie es möglich ist, zu ihr zu gelangen. Von den Tugenden muß man zum Geist und vom Geist zum Einen sich erheben. Wer die Stufe des Geistes erreicht hat, hat viel gewonnen: er ist dem göttlichen Guten so nah.

Der Philosoph ist besonders veranlagt, sich in die geistige Welt zu erheben. In ihm ist der große Aufschwung zum Göttlichen durch die verborgenen Flügel seiner Seele gegeben. In ihm ist die Sonderung von der irdischen Welt und der Materie schon halbwegs vollzogen. Um die völlige Lösung und Weltüberwindung zu vollziehen, wählt er die Beschäftigung mit den reinen Formen der Wissenschaft und dem tiefinnerlichen Sinngefüge der Dialektik.

Betrachten wir noch etwas genauer die dritte Stufe in der Erhebung der Seele zu Gott, auf die der Weg der Kunst, der Liebe und der Philosophie in gleicher Weise hinlenken, die Stufe der ästhetischen $\vartheta\varepsilon\omega\varrho\iota\alpha$, die der göttlichen Ekstase vorhergeht. Sie wird uns vor allem in Plotins Buch „Über das Schöne" deutlich.

Es gibt nach Plotin verschiedene Arten des Schönen, von denen zwei Hauptformen die allgemeine Anerkennung der Menschen finden. Die erste Art des Schönen ist sinnlich erlebbar: der schöne Körper, den wir sehen und tasten, der holde Klang, die liebe Stimme, die wir hören und vernehmen können. Über dieser Sphäre liegt eine zweite Art des Schönen, die wir meinen, wenn wir von schönen Taten, Sitten, Handlungsweisen, Einrichtungen, Zuständen oder auch von der Schönheit der Wissenschaft und Erkenntnis sprechen. Gemeint sind hier augenscheinlich der Zauber und die Anmut des Geistes, die sich mit diesen Dingen verbinden können. Es gibt jedoch noch eine höhere Art der Schönheit, nämlich die Schönheit der rein geistigen Welt, die mit der Sinnenwelt nichts gemein hat. Die sinnlichen Körper sind an sich selbst nicht schön, sondern nur durch Teilnahme an der Idee des Schönen. In der sinnlichen Welt, im Natur- und Kunstschönen finden wir nur Schattenbilder des wahrhaft Schönen. Die Körper erscheinen bald schön, bald nicht schön, so daß ihr Sein als Körper von ihrem Sein als schöner Körper sorgfältig zu unterscheiden ist. Die Schönheit ist keine notwendige, sondern nur eine zufällige Eigenschaft des Körpers. Eine notwendige Verbindung besteht allein zwischen Geist und Schönheit.

Worauf beruht nun der Eindruck des sinnlich Schönen? In dem sinnlich Schönen eines Menschen oder eines anderen organischen Gebildes der Natur tritt uns etwas Seelenhaftes entgegen: Geist, der die Materie durchleuchtet, ein Etwas, das die Seele gleich als solches wahrnimmt und als verwandt erkennt. Die Seele, die ihrem wahren Wesen nach dem Reiche des Geistes und dem Seienden zugehört, gerät in freudige und heftige Bewegung, wenn sie im sinnlich Schönen etwas Verwandtes erblickt und wird sich ihres eigenen Wesens bewußt.

Worin liegt nun das Wesen des sinnlich Schönen? Plotin bestimmt es im Gegensatz zum Häßlichen. Hier müssen wir zwischen dem absolut Häßlichen und dem relativ Häßlichen unterscheiden. Das Gestaltlose, das dazu da ist, Gestalt anzunehmen, ist absolut häßlich, solange es der Idee entbehrt. Relativ häßlich ist dagegen dasjenige, was nicht völlig von Form und Gestalt bestimmt wird, indem die widerstrebende Materie nicht ganz der Idee gemäß gestaltet wird. Im Gegensatz zum Häßlichen faßt bei den schönen Dingen die hinzutretende Idee die mannigfaltigen Teile, die ohne sie getrennt blieben, zu einer geordneten Einheit zusammen und bindet sie durch die Form innerer Zweckmäßigkeit. So beruht die sinnlich-anschauliche Schönheit auf der idealen Einheit in der Mannigfaltigkeit des Stoffes. Dies sinnlich Schöne wird durch ein besonderes dazu geordnetes Vermögen wahrgenommen, das wir, um das von Plotin Gemeinte zu verdeutlichen, am zutreffendsten mit Phantasie bezeichnen. Das phantasievolle Erfassen des schönen Gegenstandes bildet die Grundlage für die ästhetische Beurteilung, die von Plotin dahin gekennzeichnet wird, daß in ihr die ganze Seele tätig ist. Phantasievolles Erfassen und Beurteilung des Schönen beruhen aber auf der Beziehung, welche die der Seele innewohnende Idee zu der verwandten des schönen Gegenstandes besitzt. Was in der Seele ungeteilt ist, existiert im schönen Gegenstand, durch Bindung der Form an die Materie, geteilt. Hat nun die Seele die Kraft von bloß Stofflichem und Sinnlichem zu abstrahieren, so bleibt die mit der Idee der Seele übereinstimmende Gestalt zurück. Die Seele faßt in der Betrachtung des Schönen die in der Mannigfaltigkeit erscheinende Idee zu einer Einheit zusammen, bezieht sie auf die ungeteilte Idee in ihrem Innern und vermag sie so als Verwandtes aufzufassen.

Im allgemeinen pflegt man das Sinnliche als notwendiges Element des Schönen anzunehmen. Nach Plotin dagegen beruht auch die Schönheit des Sinnlichen lediglich auf der Herrschaft der Form über den Stoff. Die eigentliche Heimat des Schönen ist somit die übersinnliche Welt, die durch die Seele, die Vernunft und das Gute gebildet wird.

Man muß die Schönheit der Seele erlebt haben, um sie zu erkennen. Wird doch niemand über das sinnlich Schöne sprechen, der es nicht wahrgenommen hat. Für die seelische Schönheit gilt dasselbe. Wer sie nicht erlebte, hat keine Ahnung davon, daß die Schönheit der Gerechtigkeit und Selbstbeherrschung die Schönheit des Morgen- und Abendsternes weit übertrifft.

Die Empfindung, die das seelisch Schöne auslöst, ist Freude und staunendes Entzücken in noch viel höherem Maße als bei dem sinnlich Schönen, da nunmehr das wahrhaft Schöne uns entgegentritt. Durch die geistige Schönheit, die wir erschauen, wird in unserer Seele Verwunderung und Staunen, Sehnsucht und Liebe erweckt. Fast alle Menschen haben ein Organ zur Wahrnehmung dieses Schönen, besonders aber die liebefähigen Naturen, die mit einer zarten und reizbaren Empfänglichkeit begabt sind. Der Anblick des geistig·Schönen erregt den Jubel der Seele, von den Banden des Körpers erlöst zu werden und mit dem als schön Geschauten in Gemeinschaft und Liebesverstehen zu treten. Wie aber tritt uns das geistig Schöne entgegen? Es hat keine äußere Gestalt, keine Farbe, keine Größe, sondern offenbart das Wesen der Seele, das licht und rein ist. Es offenbart eine von keiner Leidenschaft bewegte Ruhe. Über ihm leuchtet die gottgleiche Vernunft, und wir empfinden es als schön, weil wir es als das wahrhaft Seiende erkennen.

So viel von dem sinnlich Schönen, der Schönheit der Seele und dem, was die Seele schön gebildet. Das sind Dinge und

Verhältnisse, die von den meisten Menschen anerkannt werden. Jetzt aber handelt es sich um eine Schönheit, die über
die sinnliche Schönheit des Körpers und über die Schönheit
der Seele weit hinausgeht. Vor Plotins Blicken erhebt sich
nunmehr die Idee der transzendenten Urschönheit, die mit
dem Guten, dem Ursprung alles Lebens identisch ist. Zu ihm
gelangen wir durch Entsinnlichung, durch Erhebung der
Seele, durch Vermeidung von allem Gottfremden, bis es dann
schließlich dahin kommt, daß die Seele, die mit sich in Einklang steht, das Göttliche in seiner Einheit, Lauterkeit und
Einfachheit erschaut. Dann gelangt die Seele zur ästhetischen
ϑεωρία und wird von inniger Liebesglut, Sehnsucht, Staunen
und Wonne ergriffen. Wer sie nicht kennt, sehnt sich dar-
nach, wer sie gesehen hat, bewundert sie und staunt sie an.
Wer von dieser himmlischen Liebe einmal ergriffen ist, hält
alle irdische Liebe für gering und achtet alles das gering,
was er früher für schön hielt. Er hat den Gott geschaut und
wird über der Erinnerung an die göttliche Schönheit alle
irdische Schönheit vergessen. Wer sie liebt, wird selber
liebenswert. Sie ist der Preis im angestrengten Wettkampf
des Lebens. Selig, wer zum Schauen der Schönheit gelangt,
unselig, wer sie nicht erreichen kann. Unselig, wer das Eine
nicht erreicht, um dessenwillen man auf alle Kronen und
Reiche auf Erden, im Himmel und auf dem Meere Verzicht
leisten muß.

Um zur ästhetischen Schau des Urschönen zu gelangen,
müssen wir Einkehr halten im Innersten unserer Seele. Wir
müssen uns von dem sinnlich Schönen abwenden. Darin lag
die Gefahr des Narziß, daß er sich in das holde Spiegelbild
seiner eigenen Schönheit verliebte und nicht von ihr lassen
wollte. Kehren wir in unsere wahre Heimat zurück: „Laßt uns

fliehen zum Lande der Väter." Der Mensch muß für sein
sinnliches Auge ein geistiges Auge eintauschen, das ihn von
den schönen Gestalten des Lebens hinweg immer mehr auf
die übersinnlichen Gestalten der Geisteswelt hinleitet. Wie
der Bildhauer mit Mühe und Fleiß die schöne Gestalt aus
dem Marmor herausarbeitet, so soll der gottsuchende Mensch
die Gestalt der reinen Seele aus allen irdisch-sinnlichen Um-
hüllungen auf dem Wege der Reinigung und Läuterung
herausarbeiten. Hat die Seele einmal die Loslösung vom
Sinnlichen vollzogen, so bedarf sie keiner Führer mehr. Sie
kann getrost der Leuchtkraft des inneren geistigen Auges
folgen. Wie das sonnenhafte Auge die Sonne sieht, so vermag die reine Seele das Urschöne zu erschauen.

Indem wir nunmehr dazu übergehen, die höchste Stufe der
Erhebung uns deutlich zu machen, welche die Seele auf
ihrem Wege erreichen kann, erwägen wir noch einmal das
Verhältnis der Seele zur idealen Welt und diejenigen Ideen,
durch welche sie mit ihr in unmittelbare Berührung kommt.
Diese geistigen Mächte sind Vernunft, Freiheit und Liebe.

Die Vernunft ist Fähigkeit zur Intuition. Sie denkt die
Welt der Ideen, indem sie sich selber denkt, denn die ideale
Welt ruht in ihr. Doch dürfen wir die menschliche Vernunft
der göttlichen Vernunft nicht gleichsetzen. Ist doch die gött-
liche Vernunft über alle menschliche Vernunft erhaben.
Die menschliche Vernunft bildet einen Teil von uns und ist
doch auch wieder zugleich nicht unser, denn das, was als das
eigentümliche W i r unseres Wesens angesprochen werden
muß, ist die Seele, so daß wir uns zum höheren geistigen
Selbst erst erheben müssen. Somit stellt die Vernunft eine
Gemeinsamkeit zwischen dem göttlichen und menschlichen
Wesen her. Trotz aller Verkörperung bleibt der Geist mit

der idealen Welt verbunden. Die Tätigkeit der Vernunft besteht im Denken, doch sind wir uns des Denkens für gewöhnlich nur im geringen Umfang bewußt. Erst wenn wir uns zur höheren Welt erheben und nun alle Möglichkeit in uns zur Wirklichkeit wird, erst dann erlangen wir das Bewußtsein vom Inhalte unserer Vernunft.

In der Vernunft ist die absolute Wahrheit uns gegeben, da hier Subjekt und Objekt, das Denken und sein Gegenstand, unmittelbar zusammenfallen, während in Wahrnehmung und Reflexion dem erkennenden Subjekt ein äußeres, ihm feindliches Objekt gegenübersteht. Der endliche Verstand ist dem Irrtum unterworfen, in der intuitiven Vernunfterkenntnis gelangen wir zur vollendeten Gewißheit. Durch unmittelbare Berührung der geistigen Welt erleben wir in der Vernunfterkenntnis die Gewißheit des Göttlichen.

Mit dem Begriff der Vernunft hängt der Begriff der Freiheit zusammen. Gibt es neben der göttlichen Freiheit auch so etwas wie eine menschliche Freiheit? Als frei bezeichnen wir Handlungen, die wir unabhängig von fremden Einflüssen, von Glück, Schicksal und Leidenschaft vollziehen. Frei sind wir dort, wo wir keinem äußeren Zwang unterliegen und auch das Bewußtsein der Freiheit unseres Tuns besitzen. Als frei bezeichnen wir auch die Tätigkeit, dasjenige zu tun und zu lassen, darin wir Herr und Meister sind. Freiheit hat weder mit der Wahrnehmung noch mit der Einbildungskraft oder mit dem irrenden Verstande etwas zu tun. Freiheit ist die Tätigkeit des vernunftbestimmten, mit Bewußtsein verbundenen Willens.

Freiheit kann auch als vernunftgemäßes Handeln bestimmt werden. Das ist nur scheinbar ein Widerspruch. Zieht uns doch die eigene Natur und das eigene Wesen zum Guten hin.

So ist Freiheit Hinweisung des Wesens zu seinem Guten. Knechtschaft aber besteht in der Abwendung vom Guten und in der Unfähigkeit es zu erreichen. Die Freiheit ist in erster Linie Sache der Gesinnung. Zur Freiheit der Handlung gehört nicht notwendig ihre wirkliche Ausführung, die immer mehr oder weniger von äußeren Bedingungen abhängig ist. Nur der Wille und die vernünftige Überlegung sind frei und unabhängig. Tugend erhebt die Seele in das Reich des Geistes. Deshalb ist Freiheit auch eine Befreiung von der Ausübung der Tätigkeit. Sie bezieht sich auf die innere Aktivität, auf den Gedanken, auf die Betrachtung der Tugend.

Die Vernunft ist aus sich heraus frei, die Seele wird frei durch Vernunft, wenn sie sich auf das Gute bezieht. Sie ist kein äußeres Tun, sondern ein sinnlich kontemplativer Zustand. Die Vernunft lebt im Sinne des Guten. Die menschliche Seele verdankt ihre Unabhängigkeit und Freiheit dem Geiste und der Vernunft. Somit ist die Freiheit das zweite Prinzip, das die menschliche Seele mit der übersinnlichen Welt verbindet.

Das dritte Prinzip ist die Liebe, die mit dem Begriff der Freiheit zusammenhängt. Gemeint ist die Liebe als menschliche Begierde und Empfindung. Der Zusammenhang zwischen Freiheit und Liebe wird durch den Begriff des Guten hergestellt. Frei ist der Wille nur durch das Gute, und die Liebe muß als Sehnsucht und Begierde nach dem Guten und Schönen bestimmt werden. Als sinnliche Liebe ist die Liebe die Begierde, sich mit einem schönen Menschen zu vereinen und ein Schönes im Schönen zu zeugen. Eine höhere Stufe der Liebe ist erreicht, wenn sich der Liebende am Anblick und an der Betrachtung des Schönen genügen läßt. Die ideale Liebe ist Sehnsucht nach der himmlischen Schönheit. Sie richtet sich auf das absolut Gute, nach dem die geistigen Menschen streben, da sie nur dort allein den Frieden und die selige Ruhe erschauen.

Wir enden mit der letzten und höchsten Stufe der Erhebung im Liebesgang der Seele zu Gott, wie sie der große religiöse Ekstatiker erlebt hat und den Seinen zu verdeutlichen sucht. Plotins Lehre von der Gottheit geht von dem Begriff des Guten als transzendenten Urgrund aller Dinge aus und endet im Begriff der gottschauenden Liebe. Die Lehre vom Gottschauen hat bei Platon mehr einen ästhetischen, bei Aristoteles einen philosophisch-wissenschaftlichen, bei Plotin einen religiösen Charakter. Vernunft und Freiheit gehen bei Plotin im Begriff der Liebe zusammen. Höchstes sittliches Streben, Liebe zu Gott und vollendete Erkenntnis einen sich in der $\vartheta\varepsilon\omega\varrho\iota\alpha$ die über alles sittliche Tun und alle wissenschaftliche Erkenntnis hinausgeht.

Gott ist kein Ding, deswegen könnten wir zunächst über ihn in Ungewißheit und Zweifel geraten. Aber die Seele wage nur mutig den Weg zur Erhebung. Gott ist allgegenwärtig jedem, der ihn zu berühren vermag. Um nun aber Gott zu erkennen und sich in Liebe ihm zu nahen, müssen wir die Ideen der Dinge aus unserer Seele tilgen. Die Seele muß gestaltlos werden, d. h. sie muß von jedem konkreten Begriff irdischer Dinge abstrahieren. Sie muß nur auf das schauen, was in ihr ist. Ja, sie muß selbst das Selbstbewußtsein aufgeben, um zur Anschauung Gottes zu gelangen. Es gibt einen Teil der Seele, der mit dem Körper in keinerlei Berührung steht. Durch diesen Seelenteil werden wir uns mit Gott verbinden. Diese Vereinigung vollzieht sich aber durch ganz andere Kräfte als die es sind, durch welche das Denkende mit dem Gedachten übereinstimmt. Sie ist viel inniger und stärker. Sie ist eine Gemeinschaft der Liebe. Sie kennt kein räumliches Auseinandersein. Eins ist dem anderen absolut gegenwärtig. Gott ist allgegenwärtig, und wir sind bei ihm, wenn wir die Entfremdung von ihm in uns aufgeben. Er ist wunschlos und sehnt sich nicht nach uns, wir aber sehnen uns nach ihm. Sind wir bei ihm, so stehen wir am Ziel aller unserer Wünsche. In ihm findet die Seele Ruhe und Seligkeit. In Gott leben ist geistige Seligkeit und stille Berührung der Schönheit. Wie groß ist unsere Seligkeit, wenn wir in den Besitz des geliebten Gegenstandes kommen. Und doch ist alles, was wir hier lieben, etwas Sterbliches, und unsere Liebe ist die Liebe zu einem Bilde. Wir haben in ihm nur den Abglanz wahrer Liebe. Wie oft wandelt sich das irdisch Geliebte in sein Gegenteil, und wir müssen einsehen, daß das, was wir liebten, nicht wahrhaft liebenswert ist, daß wir nicht das gefunden haben, was wir so innig suchten. Gott allein ist der wahre Gegenstand aller wahrhaften Liebe.

Für die Vereinigung von Gott und Seele in inniger Liebesgemeinschaft reicht die Bezeichnung „Schauen" nicht mehr aus. Die Seele ist in Gott aufgegangen. Sie ist in ihm eins geworden. Dieser Zustand ist unbeschreiblich. Deshalb hat man auch in den Mysterien geboten, den Ungeweihten nichts bekannt zu geben, weil das Göttliche für den Menschen, der es nicht geschaut, unaussprechlich und unbeschreiblich ist. Nur wer Gott geschaut hat, kann von ihm ein Bild in der Seele haben. In diesem Zustand ist alle Unlauterkeit und Begierde getilgt. Die Seele in ihrem hohen Fluge geht über alles Denken hinaus. Sie ist fortgerissen, sie ist gottbegeistert. Sie erfreut sich ruhig und einsam der ungestörten Stille in Gott. Sie ist einem Menschen vergleichbar, der in das Aller-

heiligste eines Tempels eintritt und die Götterbilder zurück-
läßt, die im Heiligtum stehen und die ihm sogleich wieder in
die Augen fallen, sobald er aus dem Allerheiligsten zurückkehrt, nachdem er die Vereinigung mit jener Gottheit selber
vollzogen hat, die durch jene Statuen dargestellt wird. So
geht die Seele in diesem ihrem höchsten Aufschwung auch
über die göttlichen Gestalten der Tugend und Schönheit
hinaus. Es handelt sich nicht mehr um Anschauung, sondern
um ἔκστασις, um ein Einfachwerden, um ein Aufgeben seiner
selbst, um Einswerdung in seliger Berührung. Die Seele gelangt zum unsichtbaren Ursprung aller Dinge, wenn sie bei
sich Einkehr hält. Sie erhebt sich über Denken und Sein zu
Gott, indem sie als das Bild Gottes zu Gott sich emporringt.
Sind wir dann von der heiligen Schau zurückgekehrt und
haben das Höchste wieder eingebüßt und verloren, so steht
uns der Rückweg, der uns Heimweg ist, doch immer wieder
offen. Was sich in diesem Mysterium der Einswerdung von
Gott und Mensch dieser Vergöttlichung unseres inneren
Wesens vollzieht, das ist die Flucht der einsamen Seele zur
einsamen Gottheit.

Und so klingt die Lehre Plotins in reiner Mystik aus. Er
hat noch einmal die ganze Herrlichkeit der griechischen Gedankenwelt offenbart. Das Schönste und Bedeutendste, das
der griechische Geist geschaffen, hat er in einer neuen Form
verbunden und aufbewahrt. Mit tief religiösem Sinn hat er
alles erfüllt und jene Ideen des Griechentums, die wohl über
die Sinnenwelt hinausdrängten, aber die Schönheit dieses
Lebens weihten und bejahten, abgewendet von der Welt und
hingeführt zu dem Ureinen, das über Schönheit und Sein erhaben in tiefer Ruhe und Einsamkeit wohnt und dem die
weltmüde Seele zustrebt, weil sie ihm verwandt ist und weil

sie sich einsam und verlassen fühlt in der ihr so fremd gewordenen Welt.

Literatur.

Plotins Abhandlungen in 6 Enneaden geordnet von seinem Schüler Porphyrios herausgegeben. Ausgabe von A. Kirchhoff (Leipzig 1856) und von H. Müller (Leipzig 1878—80) mit deutscher Uebersetzung.

H. Kirchner, Die Philosophie des Plotin (Halle 1854) — A. Richter, Neuplatonische Studien (Halle 1864 ff.) — H. v. Kleist, Neuplatonische Studien (Heidelberg 1883).

Die Studien von Max Wundt über Plotin (noch nicht abgeschlossen) sind ganz besonders geeignet, das Verständnis seiner Schriften zu fördern.